JN323590

社会がみえる社会学

時代と共に生きる社会学理論
SOCIOLOGY

宇都宮京子　小川祐喜子　編著
Utsunomiya Kyoko
Ogawa Yukiko

北樹出版

はじめに

　本書『社会がみえる社会学——時代と共に生きる社会学理論』は、社会学を学んだことのない人、これから社会学を学ぼうとしている人たちを対象にしたものである。われわれは、自明なことであるが社会に所属して生きている。しかしその社会は一様ではない。同じ社会に所属しているから同じ社会がみえているとは限らず、個人が変われば社会のみえ方も異なる。社会を異なったものにみせてくれる道具が、「社会学」である。

　本書は5章構成となっている。第1章は「行為論から社会を理解する——社会学における行為論の系譜」ということで、M.ヴェーバー、A.シュッツ、エスノメソドロジーの社会学概念を使用し、人びとの行為から社会を理解することを目指している。次いで第2章は、「相互行為論の社会学——日常生活の自己・他者・相互作用を問う」をテーマに、G.ジンメル、C.H.クーリー、G.H.ミード、H.ブルーマーの社会学概念と共に、日常生活におけるひととひととの相互作用について展開している。第3章では、「知識社会学の課題——知のあり方と社会の関係を問う」ということをテーマに、K.マルクス、K.マンハイム、P.L.バーガー＆T.ルックマンの概念から、現代社会の「知識」と「社会」との関係性についてとりまとめている。第4章は、「機能主義とは何か——社会をシステムとしてとらえる」をテーマに、E.デュルケム、T.パーソンズ、R.K.マートン、N.ルーマンの社会学的志向から、社会学における機能主義について概観している。最終章の第5章では、「社会を『関係』でとらえる——構造主義が可能にする地平」をテーマに、ソシュール、C.レヴィ＝ストロース、P.ブルデューの概念から、社会におけるあらゆるものごとについて、関係性から理解することを伝えている。

　社会をとらえるための社会学概念は多様に存在するが、本書をきっかけに「社会を問う」ということに関心をもってもらえると嬉しい。われわれが生き

ている社会はけっして用意されたものではない。「社会学」という道具を使用すると、日常生活もまた新たなものにみえてくることだろう。

　　　2015年6月19日

　　　　　　　　　　　　　　　　　　　　　　　　　　　小川　祐喜子

目　　次

Chapter 1　行為論から社会を理解する──社会学における行為論の系譜 ……… 10

1. 社会的行為を理解する：M.ヴェーバーの理解社会学 ………………… 11
1-1. 社会的行為とは？（11）1-2. 社会的行為から社会をとらえる（13）1-3. 社会的行為の４類型と理念型（15）

2. 他者理解の可能性と限界：A.シュッツの現象学的社会学 ………… 19
2-1. 現象学的社会学とシュッツの課題（19）2-2. 現象学的還元と自己理解（22）2-3. 自然的態度の構成現象学と他者理解（25）2-4. 社会的世界の４類型と理念型（26）2-5. 亡命後のシュッツとその影響（29）

3. 人びとの「方法」を見る
：H.ガーフィンケルとエスノメソドロジー ………………………… 31
3-1. エスノメソドロジー（EM）とは何か（31）3-2. EMの誕生：シュッツからの影響（32）3-3. EMと「違背実験」（34）3-4. EMと「アカウンタブル」な現象（36）3-5. その後の展開と現在のEM研究（38）

コラム１：コミュニケーション的合理性（41）

Chapter 2　相互行為論の社会学──日常生活の自己・他者・相互作用を問う … 42

1. 日常生活の相互作用：G.ジンメル ……………………………………… 42
1-1. 相互作用の社会：ひととひととをみるまなざし（42）1-2.「形式」という社会学の道具（44）1-3. ひととひととの関係：結合と分離（46）1-4. 他者との関係：秘密（48）

2. 自己、他者、感情の社会学：C.H.クーリー ………………………… 52
2-1. 社会的自我：鏡に映った自我（52）2-2.「社会的自我」論の批判（54）2-3.「社会的自我論」の再評価：自己感情における人称代名詞の習得と自己所有化行為（55）2-4. 自己意識的「自己感情」からみる自己（57）

5

3．社会的自我・役割・意味：G.H.ミード ……………………… 63
　　3-1. G.H.ミードと社会的自我 (63) 3-2.「プレイ」時期「ゲーム」時期：一般化された他者と役割取得 (64) 3-3. 意味のあるシンボルと共有の意味世界 (66) 3-4. 主我と客我による自我の創造性 (69)

4．意味の世界・日常生活におけるシンボリック相互作用論
　　の世界：H.ブルーマー ……………………………………… 73
　　4-1. 日常生活における意味 (73) 4-2.「ルート・イメージ」という方法 (74) 4-3.「シンボリック相互作用論」の具体的な方法 (80) 4-4. 日常生活におけるコミュニケーションの再考 (81)

コラム2：ドラマトゥルギー (84)

コラム3：感情規則 (86)

コラム4：ラベリング理論 (87)

Chapter 3　知識社会学の課題——知のあり方と社会の関係を問う ……………… 89

1．「知識社会学」とは？：K.マルクスの問題提起 ……………………… 90
　　1-1.「知識社会学」とは？ (90) 1-2. マルクスのイデオロギー論 (92) 1-3. 史的唯物論：上部構造と下部構造 (95) 1-4. 知識社会学の誕生にマルクスが与えた影響 (97)

2．「知識社会学」の誕生：K.マンハイム ……………………… 99
　　2-1. ハンガリー時代のマンハイム (100) 2-2. 亡命時代のマンハイム：ハンガリーからドイツへ (101) 2-3.『イデオロギーとユートピア』：知識社会学の誕生 (102) 2-4. 再び亡命生活へ：「知識社会学」提唱後のマンハイム (105) 2-5. マンハイムの遺産とその後の知識社会学 (106)

3．日常からの知識社会学：P.L.バーガーとT.ルックマン ……………… 108
　　3-1. バーガーとルックマンの「知識社会学」批判 (110) 3-2.「知識」と「現実」の問題 (112) 3-3.「知識」の社会的構成 (114) 3-4.「知識」と「社会化」(116) 3-5. バーガーらの「知識社会学」がもたらしたもの (117)

コラム5：他人指向型 (121)

コラム6：再帰的近代化（122）
コラム7：マクドナルド化（123）
コラム8：リキッド・モダニティ（125）

Chapter 4　機能主義とは何か──社会をシステムとしてとらえる ……………126

1．**機能主義の原型：E.デュルケム** …………………………127
1-1. デュルケムの問題関心（127）1-2. 機械的連帯と有機的連帯（127）1-3. 自殺の社会学（130）1-4. 『宗教生活の原初形態』（132）1-5. デュルケムの方法（133）

2．**機能主義の展開（1）：T.パーソンズ** …………………137
2-1. 秩序はいかにして可能か（137）2-2. 初期パーソンズ：主意主義的行為理論（138）2-3. 中期パーソンズ：構造－機能分析とパターン変数（140）2-4. 後期パーソンズ：AGIL図式（143）2-5. 変動はいかにして可能か（147）

3．**機能主義の展開（2）：R.K.マートン** …………………150
3-1. マートンの問題関心：中範囲の理論（150）3-2. 中範囲の理論の例：「中範囲」とはどのくらいの範囲か（151）3-3. 人類学的機能主義から社会学的「機能分析」への展開（154）

4．**機能主義の転回：N.ルーマン** ……………………………159
4-1. パーソンズ批判の諸相（159）4-2. システム理論（160）4-3. 機能的方法（163）4-4. 社会学的啓蒙（166）

Chapter 5　社会を「関係」でとらえる──構造主義が可能にする地平 …………168

1．**関係性によって言語をとらえる：ソシュールの言語学** …………168
1-1. シーニュ（記号）を支えるシニフィアンとシニフィエ（169）
1-2. 言語は関係の編み目の中で意味をもつ（172）

2．**「構造主義」を生み出した文化人類学者**
　　　：C.レヴィ＝ストロース ………………………………174
2-1. 文化により異なる「イトコとの結婚」の扱い（175）
2-2. 結婚できる女性と結婚できない女性（176）

3．**社会的な差異（distinction）と、自分と他者とを区分**

〈distinction〉する感覚：P.ブルデューの社会学理論 ………… 181
　　　3-1. ピエール・ブルデュー（181）3-2. 人びとの趣味と職業の間にみられる関係（183）3-3. 家庭と学校における文化伝達（185）3-4. 人びとの社会的位置と趣味との関係の全体図（186）3-5. 文化資本（188）3-6. 行為を生み出す原理としてのハビトゥス（189）3-7. ハビトゥスが書き換えられる可能性（191）

コラム９：消費・記号・個性（193）

コラム10：構造化（194）

社会がみえる社会学

時代と共に生きる社会学理論

Chapter

Weber　Schütz　Garfinkel

1 行為論から社会を理解する
―社会学における行為論の系譜―

　私たちは、日々いろいろな行為を行って生活を営んでいる。休日をどのように過ごすかといったことは、人によって、ショッピングに行ったり、デートで映画を鑑賞したり、趣味の釣りをしたり、とさまざまである。

　私たちは、こうした日々の生活の中で行うさまざまな行為を、自分たちの意思で選択したいと考えている。たとえば一緒に服を買いに来た友人に「そんな服を買うの？　趣味悪いな～」とか、「君にはそんな服は似合わないよ！」などと言われれば、余計なお世話だからほっといてくれと思うだろう。

　だがどれほど自分の意志に基づいて自分の行為を決定したいと思っていたとしても、私たちの行為が、まわりの社会状況や他者の存在から影響を受けていることを否定することはできない。たとえば、どんな服を着るかといったことでさえ、社会の流行に左右される。まわりの目が気になって、自分の好きな服を着ることがなかなかできない、といった人だっているだろう。

　このように私たちが行う行為は、身のまわりの社会状況によって方向づけられ、またそうした行為の積み重ねによって社会は形作られる。本章は、このような人びとの織りなす行為に着目して社会について考えたM.ヴェーバー、A.シュッツ、H.ガーフィンケルの思想を考察の対象として、行為論（社会的行為論）について学んでいくものである。

■キーワード：社会的行為、理解社会学、現象学的社会学、エスノメソドロジー■■

■ 1．社会的行為を理解する：M.ヴェーバーの理解社会学 ■

1-1．社会的行為とは？

　多くの人たちは、自分のすることは最終的には自分自身で決めたいと思っている。小遣いを何に使うのか。今日どんな服を着るのか。誰と友人づきあいをし、誰と恋人として付き合うのか。あるいは休日をどう過ごすのか。そういうことは自分自身で決めたい。今日私たちは、自分の進路や結婚相手などを他者に強制されるのは不当な権利の侵害だと考えているし、また何を食べるのか、どんな服を着るのかといった些細なことでさえ、他人にあれこれ干渉されるのは不快なことだと感じている。

　しかしその一方で私たちの多くは、自分たちのすることが、身のまわりの社会環境に左右されていると感じている。何を趣味にするのか、どこに遊びに行くのか、といったことでさえ、家庭環境や社会の流行などに左右される。またプライベートでどんな服を着るかは、個人の趣味に委ねるべき問題のはずだが、多くの人は、他人の目を気にしながら着る服を選んでいる。他人の目が気になって、自分の着たい服を着ることができない人だっているだろう。このように私たちのすることは、他者の存在によって方向づけられているのである。

　私たちのすることは、私たち自身が決めているという側面とまわりの社会状況に左右されるという側面がある。この両面を的確にとらえて、「社会的行為」(soziales Handeln) の概念を定義したのが、ドイツの社会学者マックス・ヴェーバー（Max Weber 1864-1920）であった。

　ヴェーバーは、最晩年の著作『社会学の基礎概念』[1)]において「行為 (Handeln)」を、「行為者または諸行為者がそれに主観的な意味を結びつけるとき、かつその限りでの人間行動 (Verhalten)」（Weber,［1921］1980＝1987：7）であると定義している。この「行為」の定義は、空腹に堪えられず、カップラーメンにお湯を注ぐ男の例を考えてみるとわかりやすい。このときカップラーメンにお湯を注ぐという彼の行動には、「何か食事をとりたい」という彼の「主観的な意味」が結びついている。したがって彼のお湯を注ぐという行動は、ヴェーバーの定

義からすれば「行為」となる。これとは反対に寝言や寝相、あるいは貧乏揺すりなど、人が意識しないで行っている場合は「行為」ではなく、単なる人間行動と言える。このようにヴェーバーは、「主観的な意味」の有無によって「行為」を単なる人間の行動一般から区別しているのである。

　ヴェーバーの行為者の「主観的な意味」を重視する「行為」概念からは、私たちのすることは自らの意図に基づきなされるものであるという側面が強調されている。寝言や寝相という「行動」は、私たちがしていることではあるが、私たちが意識して行っていることではない。こうした「行動」とは異なり、私たちは、お腹がすいたからカップラーメンにお湯を注ぐといった「行為」を、みずからの意志に基づいて行っているのである。

　またヴェーバーは、私たちのすることが、私たちを取り巻くまわりの社会状況に左右されるという側面にも光をあてて「社会的行為」を次のように定義している。すなわち彼によれば「社会的行為」とは「行為者または諸行為者によって思念された意味（gemeinter Sinn）にしたがって他者の行動に関係させられ、かつその経過においてこれに方向づけられている行為」（Weber［1921］1980＝1987：7）を意味する。

　端的に言えばヴェーバーのいう「社会的行為」とは、行為者が何らかの「主観的な意味」を結びつけて行う「行為」のうち、その「思念された意味」が、他の人びとの行動と関係をもち、その過程がこれに左右されるような場合を指している。このヴェーバーの定義に従えば、家の中でひとり神に祈りを捧げるとか、無人島にひとり遭難して狩りをするといったことは、「行為」であっても、「社会的行為」とはいえない。また自転車に乗った二人が相手の存在に気づかないまま衝突してしまった場合にも、他者の行動に行為者の「主観的な意味」が向けられていないため、「社会的行為」ではない。しかし相手の存在に気づいて衝突を避けようとする場合や、衝突の後に喧嘩したり、お互いに謝罪したりするような場合は「社会的行為」となる[2]。同様に、同じ日記をつけるという「行為」も、自分自身の記録のために日記をつける場合は「社会的行為」ではないが、誰かに読んでもらうために日記をブログに書いて公開する場

合は「社会的行為」となる。

　ヴェーバーのいう他者の行動とは、過去のことでもいいし、将来予想される行動でもいい。それゆえプレゼントをもらった友人にお返しをすることも、友人が喜んでくれると予想してプレゼントをあげることも、共に「社会的行為」である。ヴェーバーの「社会的行為」の概念からは、私たちが他者の影響を受けながら日々の生活の「行為」を行っていることを教えてくれる。たとえば朝起きたら寝癖をなおすことや、化粧をすることは、一見個人的な「行為」だと思えるが、これとて他者の目を念頭に置いての「行為」であり、「社会的行為」といえるのである。

　ヴェーバーのように、人びとの織りなす「社会的行為」に着目して「社会」を論じることは、社会学では社会的行為論（行為［理］論）とよばれている。ここではまず、社会的行為論の概要を知るために、その創始者というべきヴェーバーの理解社会学について検討する。

1-2. 社会的行為から社会をとらえる

　『社会学の基礎概念』の冒頭でヴェーバーは、社会学を「社会的行為を解明しつつ理解し、これによってその経過とその結果とを因果的に説明しようとする一つの科学」（Weber［1921］1980＝1987：7）であると定義している。ヴェーバーは、このように「理解」という方法を用いて「社会的行為」を考察対象とする社会学を「理解社会学」とよんでいる。

　1864年にドイツのエアフルトの裕福な家庭に生まれ、第1次世界大戦終結後の1920年に肺炎で亡くなったヴェーバーは、上記のように「社会学」（理解社会学）を、考察対象である「社会的行為」を理解することを目的とする学問であると定めた。このように「理解社会学」を定義したヴェーバーは、今日では社会学の創始者のひとりとしてよく知られているが、生前は、自他共に国民経済学者と考えられていた。これはヴェーバーの生きた時代、国民経済学が、政策科学、政治学、経済学、社会学などを包含する幅の広い学問であり、社会学はまだ未確立の学問であったためである[3]。

社会学の学問的確立に尽力したヴェーバーが『社会学の基礎概念』において「社会学」について定義したのは、今から約1世紀前のことであるが、今日においてもいまだに社会学者たちは、「社会学とは何か？」という問いに対して説得力のあるコンセンサスを獲得してはいない。というのも社会学は、この問題を巡って激しい論争を繰り広げてきた歴史があり、また現在、社会学にはさまざまな学派が乱立し、統一的な方法論をもって研究が進められているわけではないからである。とはいえ社会学が、「社会」を研究対象とする学問であることは、どの学派の立場に立っても同意できることであるといえよう。「社会学」という名称からもわかるように、社会学が、人間の「社会」を研究する学問であることは疑いようもない。

　しかし「『社会』とはいったい何なのか」という問いについて、すぐさま回答できる人は少ない。おそらく多くの人が「社会」という言葉の意味は理解できていても、それが「何であるのか」を即答できる人はほとんどいないだろう。一般的に「社会」とは、複数の人間が集まっている状態や、さらに、そこに存在している人びとが何らかの関係を作り上げているようなもののことと考えられている。しかしこうした「社会」についての定義の一例は、「社会」についてのある一つの側面を言い表しているだけであって、「社会」のもつすべての特徴をとらえているわけではない。

　社会学の考察対象である「社会」をどうとらえるのか、という問題を巡っては、社会学の内部でも、社会唯名論と社会実在論の対立に象徴されるように重要な論点のひとつとなってきた。社会唯名論は、実存するのはあくまでも個人であって、そうした個人の集合が、便宜上「社会」という名称を与えられたにすぎないという立場に立つ。これに対して、社会実在論では、「社会」とは個人に還元することのできない個人を超えた実在の存在であるという立場に立っている。

　先にみたように『社会学の基礎概念』では、「理解社会学」が「社会的行為」を考察対象とし、これを理解することを目的とする学問であると定められているが、このように「社会的行為」を分析の出発点にして「社会」について考え

るヴェーバーは、社会唯名論の代表として知られている。また社会的行為を考察の出発点にして、社会関係、集団、秩序などの社会事象を解明しようと試みるヴェーバーの立場は「方法論的個人主義」とよばれている。

　ヴェーバーの見解では、国家などの集合体は個々の人間の特殊な「行為」の経過および連関であるにすぎず、個人から独立した実在性を有しているわけではない。ただヴェーバーがこのように個々人の「行為」から社会的事象の研究を出発させたことは、彼の研究がミクロ的な個々人の行為に考察を限定しているわけではなく、そのことを証明するように彼の研究業績の大半は巨視的な比較歴史社会学に属している。

　ヴェーバーが「方法論的個人主義」に立脚して理解社会学の固有の考察対象に「社会的行為」を定めたのは、人間個人のみが理解可能で有意味的に方向づけられた「行為」の担い手となりえると考えたためである。彼にとって理解社会学は、「社会的行為」の経過や結果を外から客観的に観察し、その因果関係を検討するだけでなく、行為者の内面に立ち入ることで、人間行動を方向づける行為者の「主観的意味」を把握し、またそうした「主観的意味」を人びとが抱くに至った背景を検討することで、特定の「社会的行為」が行為者にとってどのような意味をもつのかを解釈・理解しようとするものなのである。

1-3. 社会的行為の4類型と理念型

　さてこうした理解社会学のアプローチに基づいてヴェーバーは、「社会的行為」を、下記の表1-1のように①「目的合理的行為」、②「価値合理的行為」、

表1-1　社会的行為の4類型

①目的合理的行為	予想に基づき目的と手段を算段して行われる合理的な行為
②価値合理的行為	行為者の信じる価値に準拠して、予想される結果を考慮せず、行われる合理的な行為
③感情的行為	感情的要因に基づく行為
④伝統的行為	習慣に基づくルーティンな行為

③「感情的行為」、④「伝統的行為」の4つに類型化している。

表1-1のように①の「目的合理的行為」とは、外界の事物や他人の「行為」に予想をもち、この予想を合理的に考量された自己の目的のための条件や手段として利用する行為を指す。ここで外界の事物の動きや他人の行為を予想して利用するとは、たとえば「雨が降りそうだな」と予想して外出時に傘を持って出かけるとか、通勤時ラッシュ時をさけて電車に乗るとかいったことだ。

これに対して②の「価値合理的行為」は、結果を度外視し、特定の行為そのものが何らかの価値をもっているという信念に基づく「行為」である。これはたとえば「右のほほを打たれたら左のほほを差し出しなさい」という教えを実践しようとしている人を考えるとわかりやすい。この人にとって左のほほを差し出すという「行為」は、信仰に従っている証として価値をもつのであって、それによってもたらされる帰結がいかに悲惨なものであったとしても、そのことはさして重要な問題ではない。玉砕なども軍事的な目的から考えれば無意味なものかもしれないが、決行する人にとっては祖国に殉じる愛国心の証として価値をもっている場合もある。このように「価値合理的行為」は、予見できる結果を憂慮することなく、倫理的・宗教的価値に従ってなされる計画的な「行為」を指している。

③の「感情的行為」は、感情的な要因に基づく行為である。②の価値合理的行為が信念に基づく計画的な行為であるのとは異なり、一時的な感情の発露や「お腹がすいたから妹のプリンを食べちゃった」などの直接的に欲求を満たすための「行為」である。④の「伝統的行為」は、慣れ親しんだ習慣に基づいてなされる、いつしか身についてしまった「行為」であり、行為者の「主観的意味」づけによって方向づけられた「行為」と没意味的な人間行動の境界に接している。同様に③の感情的行為も、行為者の意識的な意味づけという点から考えれば、「行為」と反射的な「行動」の境界に接しているといえる。

これら4類型を、恋愛を例にして簡単にまとめてみれば、意中の相手の好みなどをよく心得たうえで相手の反応を予想しながらアプローチするのが①の「目的合理的行為」である。①の「目的合理的行為」を行う人間の場合は、あ

らゆる手段を用いて努力しても意中の相手に振り向いてもらえない可能性が高いのであれば、恋愛対象を変えることも当然考えられる。逆に「失恋するのはわかっているけど、この気持ちを伝えることに価値があるんだ！」と相手からしてみればはた迷惑な美学だか信念だかを抱いて告白するのが②の「価値合理的行為」である。これに対して一時的な感情の高まりで思わず告白してしまったのが③「感情的行為」であり、いつもサンダルで出かけている人が、大事なホテルでのデートのときに、いつものように無意識のうちにサンダルを履いて出かけて、デート相手にあきれられて振られるといった場合が、④「伝統的行為」といえよう。

　ところで「社会的行為」の４類型は、あくまでもヴェーバーが経験的に観察できる多様な「社会的行為」の特徴を単純化しつつ分類することで構成した「理念型」である。「理念型」とは、研究者の価値関心に基づき特定の観点から個別の社会現象がもつ特徴を一面的に強調して、矛盾のないひとつの概念に構成されたものである。たとえば体育会系の部活に所属している高校生と文化系の部活に所属している高校生を比較しようとしたとしても、多種多様な人たちがいるため、両カテゴリーに所属するすべての人たちの特徴を完全にとらえたうえで比較するのは困難である。体育会系の部活に所属している人でも運動が苦手な人もいるし、文化系の部活に所属している人でも運動の得意な人はいる。そこで研究者は、特定の価値観点に基づいて体育会系の部活に所属する高校生と文化系の部活に所属する人たちの特徴を一面的に強調したうえで矛盾のない高校生像を「理念型」として構成して、両者を比較する足がかりにするのである。私たちは、このように「理念型」を利用することによって、複雑で多様な要素から成り立つ現実社会の特徴を、一面から鋭くとらえようと試みる。

　しかし「理念型」は、現実社会にはそのままの形では存在しないユートピアなのであって、現実と照らし合わせれば必ずズレがあることを看過してはならない。したがって現実社会で実際に行われる「行為」が、社会的行為論の４類型のうちのいずれかひとつに完全に合致するといったことはなく、実際の行為は、４類型のそれぞれの要素を混合している場合が一般的といえる。

以上考察してきたように、ヴェーバーは、「方法論的個人主義」に立脚して理解社会学の固有の考察対象に「社会的行為」を定めた。ヴェーバーにとって、「理解社会学」とは、「社会的行為」の経過や結果を外から客観的に観察すれば満足するものではなく、行為者の内面に立ち入ることで、人間行動を方向づける行為者の「主観的意味」を理解することを目指すものであった。そしてヴェーバーは「理念型」を用いることで、「社会的行為」の４類型を構成し、この４類型から現実に行われた「行為」を分析することによって、「社会」を把握しようと努めたのである。

　　［注］
1)　パウル・ベーシック社より『社会経済学綱要』の編集をまかされたヴェーバーは、この綱要のために法社会学、経済社会学、政治社会学、宗教社会学などの多岐多端な領域についての原稿を執筆し、この原稿が彼の主著というべき『経済と社会』の元になっている。『社会学の基礎概念』も彼がこの綱要のために執筆した著作である。ヴェーバーの『経済と社会』は1910年代前半に執筆された旧稿と第１次世界大戦後に旧稿に改稿を加えた新稿が存在する。ヴェーバーの死後、その編纂を担った妻マリアンネやヨハンネス・ヴィンケルマンは、ヴェーバー自身が校正まで済ませた新稿を第１部とし、執筆時期の異なる旧稿を第２部として、『経済と社会』を編纂・刊行した。そのため長らく1921年に出版された『経済と社会』第１部の冒頭に配置された『社会学の基礎概念』が、第２部を含む『経済と社会』全体の方法論的基礎を担う著作と考えられてきた。しかし、近年の研究では、1913年に『ロゴス』誌に掲載された『理解社会学のカテゴリー』が旧稿の方法論的基礎を担うとされている。『理解社会学のカテゴリー』は、『社会学の基礎概念』の元になった原稿でもある。
2)　ここで「行為」とはその活動が外的であろうと、内的であろうと、我慢であろうとかまわない。だから人目を気にして、外では貧乏揺すりをしないように我慢する場合は、「社会的行為」となる。
3)　ヴェーバーは学問的キャリアを法学からスタートさせている。ヴェーバーは、1989年には博士論文『中世商事会社』を執筆し、近代商業における所有権の元となった商事会社や有限責任会社の歴史的発展を跡づけた。その２年後に彼は、初期ローマ共和制における農業を扱った教授資格論文『ローマ農業史』を完成させている。そしてヴェーバーは、1892年からベルリン大学で私講師としてローマ法や商法などを講じたのち、国民経済学に専門

分野をかえて、94年にフライブルク大学、96年にハイデルベルク大学の正教授に就任した。しかしヴェーバーは、1897年に重い神経疾患に陥り、職務の遂行が困難になったため、休職を経て1903年にはハイデルベルク大学を辞職するに至る。その後ヴェーバーは、晩年にウィーン大学やミュンヘン大学で教壇に立つまで、10数年を存野で過ごし、共同編集者となった雑誌『社会科学・社会政策雑誌』を主要な発表の場として精力的な著作活動を続けた。

[引用・参考文献]

宇都宮京子, 1991, 「M.ウェーバーにおける現象学の意義とその影響について──シュッツ, パーソンズのウェーバー解釈と『客観的可能性の範疇』をめぐって」『社会学評論』42(3):293-306.

───, 1999, 「マックス・ヴェーバーの行為論」『情況.第二期』10(4):39-54.

───, 2000, 「リッケルトとヴェーバーの関係の再考察」『情況.第二期』11(6):21-38.

───, 2007, 「研究動向──テーマ別研究動向(ヴェーバー)」『社会学評論』58(3):365-374.

Weber, M., [1921]1980, *Wirtschaft und Gesellschaf*, 5th, Tübingen, J. C. B. Mohr (=1987, 阿閉吉男, 内藤莞爾訳『社会学の基礎概念』恒星社厚生閣.)

ブックガイド

仲正昌樹, 2014, 『マックス・ヴェーバーを読む』講談社.:マックス・ヴェーバーの著作の何をまず読むべきかと問われれば、『プロテスタンティズムの倫理と資本主義の精神』、『職業としての学問』、『職業としての政治』などがあげられる。これらの著作は、岩波文庫で翻訳が出ており、入手しやすい。本節で言及した『社会学の基礎概念』も、岩波文庫から翻訳が出ているが、はじめて読む著作としては内容が抽象的で難しいだろう。仲正の『マックス・ヴェーバーを読む』は、『社会学の基礎概念』を含むこうしたヴェーバーの代表作に的を絞って平易に解説されており、入門書としておすすめの一冊である。

2. 他者理解の可能性と限界：A.シュッツの現象学的社会学

2-1. 現象学的社会学とシュッツの課題

ヴェーバーの理解社会学の中で考察対象とされた「社会的行為」が成り立つには、行為者が、自分の身のまわりに存在する他者の行動を理解することが、

必要不可欠とまではいえないものの、重要な要素となっている。だがひとは、他者の抱く「思念された意味」を自分のことのように理解することが果たしてできるのだろうか？　またひとは、自分が理解しているように自分自身を他者から理解されることが果たして可能なのだろうか？　この他者理解の可能性と限界に関する問題を生涯にわたって問い続けたのが、ヴェーバーの理解社会学を批判的に継承したアルフレッド・シュッツ（Alfred Schütz 1899-1959）であった。

　1899年にオーストリアのウィーンに生まれたシュッツは、波乱に満ちた生涯を送った。第1次世界大戦では、祖国のために志願して兵役についたシュッツであったが、その後ユダヤ系であったため、ナチスドイツのオーストリア侵攻によって、自らの存在を全否定するようなナチスという「他者」の存在によって故郷を追われることになる。シュッツは、このような生涯の出来事の中で、自らが自明のことと信じていた「常識」が、そうした「常識」が通用しない「他者」の存在によって打ち砕かれていくのを何度も目撃することとなった。こうした生涯を送ったシュッツにとって、他者理解の可能性と限界を問うことは、看過できない重要な問題だったのである。

　先に述べたようにシュッツは、第1次世界大戦が勃発すると志願して1年半兵役に従事したが、この大戦を契機として祖国オーストリア・ハンガリー帝国は崩壊し、また大戦は祖国の敗北によって幕を閉じることとなった。大戦後オーストリアに戻ったシュッツは、ウィーン大学に入学し、ハンス・ケルゼン（Hans Kelsen 1881-1973）やルートヴィヒ・フォン・ミーゼス（Ludwig von Mises 1881-1973）のもとで勉学に励み、1921年に法律学の学位を取得して卒業している。変革期のオーストリアは経済的にも厳しい時代でもあり、シュッツは、母の強い希望もあって金融機関に勤めることになるが、その傍らミーゼスのゼミに出席し、研究生活を続けることになる。シュッツは、長らく「昼は銀行家であり、夜は学者である」という二重生活を1959年に亡くなる数年前まで継続した。実務家の多くは研究者に対して「アカデミックな世界に埋没して実生活が見えていない」と疑っている。これに対して研究者の多くは、実務家に対して

「目先の実利に目を奪われて学問的な『真理』を軽視している」と批判的である。二足の草鞋を履くシュッツは、実務家（銀行家）と研究者としてのふたつの顔をもっていたため、実務家と研究者のどちらの「常識」にも埋没することなく、そのどちらの視点ももつことができた。

　哲学者のエドモント・フッサール（Edmund Husserl 1859-1938）が1928年に『内的時間意識の現象学』を刊行すると、これを契機にしてシュッツは、フッサールの現象学の研究に取り組み、その研究成果を用いて生前唯一の著書である『社会的世界の意味構成』（以下『意味構成』と略記する）を1932年に刊行したのであった。以下、本節ではこの『意味構成』の内容を簡単に概観し、シュッツの社会的行為論の特徴をみていくこととしよう。

　『意味構成』においてシュッツは、「客観的精神の世界を個々の行為に還元するという原理は、ヴェーバーの理解社会学の対象規定にみられるほど徹底した仕方において行われたことはこれまで一度もなかった」（Schütz 1932＝2006：28）として、また「同時代の多種多様な思想を総括しているヴェーバーの著作は、その驚くべき天賦の才による全くの個人的な所産である」（Schütz 1932＝2006：27）と、ヴェーバーの理解社会学を高く評価した。しかしシュッツの見解では、ヴェーバーは「社会的世界の意味現象が、素朴にも間主観的に一致するものとして仮定することで満足している」（Schütz 1932＝2006：30）点に問題があった。理解社会学は、観察者である研究者が観察対象者である行為者の「思念された意味」を理解できることが大前提になっている。もし研究者が行為者の「思念された意味」をありのままに理解することが可能なのであれば、社会的世界の意味現象は間主観的に一致することになる。しかし研究者といえども、テレパシーなどの超能力が使えるわけではなく「普通」の人間であるので、他者の「思念された意味」をありのままに理解することなど果たして可能なのだろうか、ということが問題となる。

　この点についてヴェーバーは『社会学の基礎概念』において踏み込んだ議論を行っておらず、哲学的な基礎づけが欠如しているというのが、シュッツの見解であった[1]。そしてこの欠落を補うために、シュッツは、フッサールの現象

学を用いて理解社会学の哲学的基礎づけをしようと試みた。このようにヴェーバーの理解社会学を、フッサールの現象学によって哲学的に基礎づけしようとするシュッツの社会学は、現象学的社会学とよばれている。

　後述するようにシュッツは、日常生活を営む「普通」の人びとが、他者が行為をどのように理解しているのかを分析することを通じて、研究者が行為者の「思念された意味」をどのように理解できるのかを検討している。日常生活を営む生活者の視点に立ったうえで研究者の他者理解の有り様を検討するシュッツのこうした思考法は、彼の実務家と研究者という二重生活によって培われたものでもあった。

2-2. 現象学的還元と自己理解

　『意味構成』においてシュッツは、理解社会学の根幹にある他者理解の問題を考察するにあたって、私たち自身が自らの行為にどのように「主観的意味」を結びつけ、その「意味」を理解しているか、という自己理解の問題から議論を出発させている。シュッツが自己理解の問題から考察を出発するのは、人間行為に付与された「意味」を理解するうえで、最も容易なのが自分自身の「行為」であったからである。ポーカーなどのゲームをするにしても、相手の手の内はわからなくても、自分の手の内はよく心得ているものである。それゆえ自分自身について理解困難なことは、他人についてはより一層困難となる。その意味で、自己理解の限界と射程を知ることは、他者理解の可能性と限界を見定めるうえで、大きな手がかりを与えてくれるのである。

　シュッツは、フッサール現象学に依拠しつつ、行為者の「内的時間意識」に着目して、自己理解の問題を考察している。時間の流れに無反省に身を委ねている場合の個々人の「内的時間意識」は、「今このように」から新たな「今このように」と「今」がはっきりと区切られることなく移行していき、「体験」が不断に生成されると共に消去される。シュッツは、この「内的時間意識」の分析をフッサールに倣い「現象学的還元」を用いて検討しようと試みる。フッサールによれば、私たちは、日常生活において目の前に広がる世界が存在する

ことを自明のこととして受け入れ、素朴に確信している。この私たちの素朴な日常的見方のことを、現象学では「自然的態度」とよぶ。こうした「自然的態度」のうちにあっては、「世界が存在する」ことはあたりまえのことであるから、私たちがなぜ「世界が存在する」と確信しているのか、といったことについては、全く問題にならない。フッサールの「現象学的還元」とは、誤解を恐れず単純に言えば、この「世界がこのように存在する」という素朴な確信をいったん括弧に入れ、「世界がこのように存在するか、存在しないか」ということを判断停止にすることで、そうした確信を生み出している私たちの「意識」の構成作用そのものに目を向けることなのである。

　シュッツによれば、時間の流れに無反省に身を委ねている場合の私たちの「意識」において「体験」は絶えず生成され、消去されていく。私たちが自らの「行為」を理解するには、この時々刻々と流れていく「体験」に、どこかで区切りを入れて、それをある「行為」として、その最初と最後を決める必要がある。そして私たちは、自らがすでに行った「行為」に反省によって何らかの規定を与えることによって、それに「意味」を付与しているのである。

　したがって私たちは、自分自身の「行為」であっても、進行中の「行為」についてはその「意味」を「意識」の中にとらえることはできず、すでに達成された「行為」を後から振り返って反省的にとらえることによってのみ、その「行為」の意味を理解することができるのである。シュッツは「行為」を、今まさに行っている進行中の「遂行的行為」と、すでに完遂された「達成的行為」とに区分し、厳密にいえば、私たちが有意味にとらえられる「行為」は、このふたつの「行為」のうち後者の「達成的行為」のみであるとした。

　このシュッツの主張に基づけば、恋人と口論している男が、思わず相手に別れを切り出してしまった場合、当人には、そのときその「遂行的行為」が何を意味するかはわかっていないということになる。恋人と別れた後になり、反省と共に過去を振り返ってみて、その人は自らの「達成的行為」が、恋人との破局を「意味」することを知るのである。

　もちろん別れを切り出す前であっても、「ここで別れを切り出したら、彼女

と破局することになる！」とか、別れを切り出したそのときに、「別れを切り出してしまった！！　これで彼女との関係も終わりだ！」などと、自らの「行為」の意味を解釈・理解することができる。しかしシュッツによれば、こうした「行為」の理解は、（未来完了的に）「行為」がすでに終わった未来の時点に身を置いたと仮定・予想して行われるものなのである。そうした未来の時点では、今現在においてこれから行おうとしている未来の行為も、すでに終わった過去の行為となっている。つまりシュッツにおいて「行為」の意味の理解は、これから行おうとする「遂行的行為」であったとしても、その「行為」がすでに完遂された未来の視点に立ったうえで、「反省的」に「行為」全体を俯瞰することによって行われるものである。それゆえ恋人に別れを告げようとする人が、その「行為」に意味付与するには、別れを切り出した後の未来の視点に立ったうえでなされているのである。つまり「遂行的行為」を実行中の行為者は、その行為を、未来の時点においてはすでに完遂された「達成的行為」としてとらえて、「意味付与」を行っているのである。

　私たちは、自己の「体験」を主観の中で反省的に解釈して「行為」に「意味付与」を行っているが、こうした解釈を通じて、「行為」の動機を説明する「解釈図式」を構成することをシュッツは「自己解釈」とよんでいる。シュッツによれば、行為の動機には、「〜のために」という形式で表現される「目的動機」と「〜だから」という形式で表現される「理由動機」とのふたつに区分できるという[2]。簡単にいえば「目的動機」とは、行為によって実現されるべき未来の状態を指し、「行為」をその未来の状態に向かって方向づけるものなのに対して、「理由動機」とは、過去の「行為」についてそれを行った理由を回想したものである。

　ダイエットを例にしていえば、「ダイエットを成功させるために間食をしない」というのが「目的動機」であり、「ダイエットを成功させる」という未来の実現のために「間食をしない」という「行為」が方向づけられている。これに対して「ダイエット中だから間食しなかった」というのが「理由動機」であり、「間食をしなかった」という過去の「行為」について、「ダイエット中だか

ら」とその「行為」の理由が説明されている。ただこのダイエットの例からわかるように「ダイエットを成功させるために」という「目的動機」は、「ダイエット中だから」という「理由動機」と実質的には同じ事をいっており、「目的動機」を「理由動機」に置き換えることができる[3]。結局のところ行為者は、自らがこれから行おうとする「行為」の「目的動機」を語ったとしても、それはその「行為」が完遂された未来の視点に立ったうえで想像される「理由動機」を源にして導き出されたものにすぎない[3]。このようにシュッツは自己理解の問題を検討することで、私たちが、自らの「行為」に意味を付与したり、その「行為」の動機を説明したりできるのは、すでに完遂された「達成的行為」に関して反省を通じて事後的に解釈することに限られていると主張したのであった。

2-3. 自然的態度の構成現象学と他者理解

シュッツの議論をふまえるならば、自己理解においてでさえ、反省を媒介にしなければ「行為」の「思念された意味」を理解することはできないのであるからして、他者理解に関していえば、他者の「行為」の「思念された意味」をありのままに把握することはより困難のように思える。ダイエットの例で言えば、当人はダイエットの誓いを破って後悔しながらドーナッツを食べていたとしても、他人からは「おいしそうにドーナッツを食べているな」と思われるかもしれない。私たちは、自己の「意識」とは違い、他者の「意識」を直接的に「体験」することはできない。自己の「体験」と違い、他者の「体験」には、大きな断絶がそこに存在するのである。

しかしだからといってこのことから、他者の「思念した意味」を理解することが不可能だとシュッツは考えてはいない。もし他者理解の可能性が全く存在しないとするなら、コンビニでおにぎりを買うといったことですらできなくなるだろう。そこで視点を変えてシュッツは、それまで自己理解の問題を検討する際に行った厳密な現象学的分析を放棄して、私たちが日常生活を営む際に用いている素朴で自然な見方、つまり「自然的態度」に立ちかえって、他者理解

の分析を試みるのである。これをシュッツは、「自然的態度の構成現象学」とよんでいる。

　シュッツの「自然的態度の構成現象学」の課題は、日常生活においてすでに成立している他者理解がどのように成り立っているのかを、つぶさに観察し、分析することにある。たとえば、ダイエットを断念して自棄になって大盛りラーメンを食べている高校の教員を、教え子の父親が行きつけの定食屋で見かけたとしよう。この父親は、教員がダイエットを試みていることを知らなければ、ただ「うまそうにラーメンを食べているな」と思うかもしれない。しかし教員と話してみてダイエットを試みていたことを知れば、教員が大盛りラーメンを食べたことを後悔しているのだなと理解するだろう。あるいは教員がダイエットを試みていたことを口にしなかったとしても苦悶の表情をして「この前メタボリックと診断されましてね」と話したら、現代人の飽食とスポーツ不足が問題視されている昨今の情勢を鑑みて、「ただうまそうに大盛りラーメンを食べているのではないのだな」と理解してくれるかもしれない。このように私たちは、他者の「意識」に直接触れることはできないが、他者との会話によって、あるいは他者の身振りや表情を一定の有意味な記号やシンボルの体系と結びつけて把握することによって、「解釈図式」を構築し他者理解を試みている。記号やシンボルの体系を私たちは、「知のストック」として経験から身につけることが可能であり、これを他者理解の媒介として利用しているのである。もちろんこうした他者理解は、あくまでも他者に対する個々人の「自己解釈」に留まるものであって、他者の「思念した意味」をありのままに把握することではない。

2-4. 社会的世界の4類型と理念型

　日常生活において私たちが行っている他者理解は、相手が親しい関係にあるのか、そうでないかによって、大きく異なったものになる。そこでシュッツは、社会的世界を①「社会的直接世界」、②「社会的同時世界」、③「社会的先代世界」、④「社会的後代世界」の4つに区別し、他者との関係の違いによっ

て他者理解の有り様の多様性を論じている。

　①の「社会的直接世界」とは、私たち自身が現在生活を共にしている世界であり、この世界において私たちは、「隣人」である他者と「我々意識」によって結ばれた「我々関係」を築くことができる。この「社会的直接世界」において、私たちは、「隣人」と直接対面しているために、その人たちと会話によってコミュニケーションをとったり、相互に働きかけることによって、リアルタイムに他者理解を促進することができる。たとえば健康診断でメタボリックと診断された家族のひとりがダイエットに挑戦しており、そのことを家族全員も知っていたとしよう。そのひとりが今まさに目の前でポテトチップスを間食していたら、ダイエットしているということは「過去」のことになり、リアルタイムに他者理解が更新される。また直接対面しているので「なぜ、ポテトチップスを間食しているの？　ダイエットしていたのではなかったの？」と問い詰めることもできよう。

　次に②の「社会的同時世界」とは、私たちと空間的に隔たったところで現在生活している他者である「同時代人」による世界である。「社会的同時世界」では、「社会的直接世界」とは異なり、「同時代人」と今現在、直接対面しているわけではないので、「我々意識」によって結ばれた関係を築くことはできず、「彼ら関係」として体験されるにすぎない。「同時代人」である「彼ら」は、ある種の類型として把握される。つまり、「彼ら」は、「理念型」として抽象化され類型化された記号やシンボルとして構成されるのである。「社会的直接世界」から疎遠になるにつれて、その類型はより抽象的に「匿名化」することとなる。たとえばダイエットを挫折した男が、卒業してから10年ぐらい会っていない高校の同級生たちがダイエット・クラブを結成して、ダイエットに成功したことを伝え聞いたとしよう。その男は、過去において直接対面した同級生との経験を手がかりにして、「アイツらは、昔から決断力があり、意志が強かったからダイエットできたのであって、例外的な存在に違いない」などと推測するかもしれない。シュッツは、「理念型」がこのように具体的な「体験」とかかわっている度合いの大きさを「理念型」の「内容充実度」とよぶ。したがって

ダイエットを挫折した男は、同級生たちに対してある程度、内容的に充実した「理念型」を構成して把握することができるが、この男が日本全国でダイエットしている人たちのことを考えた場合には、より抽象的に「匿名化」された「内容充実度」の小さい理念型しか構成しない。
　①「社会的直接世界」と②「社会的同時世界」は、同時代の社会的世界なのに対して、③の「社会的先代世界」が過ぎ去った過去の世界であり、④の「社会的後世界」は来るべき未来の世界である。シュッツは、③の「社会的先代世界」というすでに過ぎ去った過去の世界に生きる他者を「先人」とよび、④の「社会的後代世界」という未来に生きる他者のことを「後人」とよんでいる。「社会的先代世界」はすでに過ぎ去った過去の世界なので、「隣人」や「同時代人」の言明や記録によって「先人」を類型化するしか他者理解の方法は存在しない。また「社会的後代世界」に関して言えば、未来がどのように実現するかは私たちにとって未確定なものであるので、「後人」を類型化する作業は、「社会的直接世界」や「社会的同時世界」に対してあてはまる解釈図式を転用するという形でしか行うことができず、不十分なものに留まるというのがシュッツの見解である。
　このようにシュッツは、社会的世界を4つに分けることで、他者理解の可能性と限界について検討している。先に見たようにシュッツの考察は、ヴェーバーが社会的世界の意味現象を間主観的に一致するものと仮定して満足している点を批判し、観察者である研究者が観察対象者である行為者の「思念された意味」をありのままに理解することなど果たして可能なのか、という問いから議論を出発させたものであった。シュッツの考察したところによれば、私たちは、他者の「思念した意味」をありのままに把握することはできず、記号やシンボルの体系を媒介にしたうえで、他者を類型的に把握することによって、他者理解のための「解釈図式」を築いている。研究者といえども、これと同様に「概念図式」を用いて行為者を類型化することで「行為」の「意味」を解釈するほかない、というのがシュッツの結論であり、この類型化の機能を担っているのが、ヴェーバー社会学における「理念型」であるとした。

2-5. 亡命後のシュッツとその影響

『意味構成』が1932年に刊行されてからわずか6年後の1938年にナチスドイツによるオーストリア侵攻によって、シュッツはパリを経て1年後の39年にはニューヨークに渡り、アメリカに亡命した。アメリカという新天地においてシュッツは、ナチスの迫害の手から逃れることはできたのだが、生まれ育った故郷とはおよそ文化の異なるアメリカにおいて「新参者」として新たな生活をスタートせざるをえなかった。しかしこうした経験がシュッツに、異文化理解に対する新たな知見を与えることになる。

亡命後シュッツが、1937年に『社会的行為の構造』を公刊したアメリカの社会学者タルコット・パーソンズ（Talcott Parsons 1902-1979）と書簡で本格的に議論をしたことはよく知られている。彼らは共にヴェーバーの行為理論を重視するが、結局のところこの論争は嚙み合わずに終わり、彼らの間に有意義な学問的コンセンサスを導き出すことはできなかった。

シュッツは1943年にニュー・スクール・フォー・ソーシャル・リサーチの講師になり、その後客員教授などを経て1956年に常勤教授となり、銀行を退職した。二足の草鞋をはいた30余年にわたるシュッツの二重生活は終わりを告げ、彼は研究生活一筋に打ち込むことができるようになったが、長年の無理がたたり、3年後の1959年に心臓病の悪化で他界した。

後から考えてみれば、シュッツはもし時代状況が彼に有利なもので、実務家と研究者の二重生活を強いられることなく、アカデミックな世界に研究1本で進んでいれば、順風満帆にキャリアを積むことができたかもしれない。だが時代は、シュッツにそのような機会を与えることはなかった。人間万事塞翁が馬というべきか、シュッツの人生は順風満帆とは程遠く、失望と挫折をくり返し経験せざるをえなかったが、その経験を糧にして自らの思索の道を歩み、彼の研究は後に残る成果を得ることができたのだった。シュッツは、『意味構成』において、理解社会学を哲学的に基礎づけようと試みることによって、日常生活を生きる私たちがどのように他者の「行為」の意味を理解して「社会的世界」を営んでいるか、この社会的世界は人びとが「体験」を共有することによ

ってどのように構成され意味づけられているのかを問おうとした。こうしたシュッツの「自然的態度の構成現象学」に基づく他者理解の考察は、その後「日常生活の社会学」とよばれる社会理論の諸端を切り開くと共に、次節で論じる「エスノメソドロジー」の誕生にも大きな影響を与えたのである。

[注]
1) ヴェーバーも『ロッシャーとクニース』や『理解社会学のカテゴリー』などの他の著作では、理解の可能性や、理解と説明との関係を検討している。
2) シュッツによれば、ヴェーバーは行為者の動機を、行為者自身または観察者によって行為の有意味な根拠と思われる意味連関と定義したが、「目的動機」と「理由動機」を明確には区別していないという。
3) シュッツは、「目的動機」に置き換えることのできない「理由動機」があることを指摘している。先のダイエットの例でいえば、「私はこれまでダイエットをしたことがなかったし、間食が好きだから、ポテトチップスを食べてしまった」という「理由」は、「〜だから」という形式で表現される「理由動機」になっても「目的動機」に置き換えることはできない。「これまでダイエットをしたことがなかったから」という過去の経験や「間食が好きだから」という個人の好みを「〜のために」という形式で表現される「目的動機」に無理に置き換えると、「過去においてダイエットをしないという目的のために、今ポテトチップスを食べている」とか、「私は間食が好きだという目的のために、今ポテトチップスを食べている」などと変な文章になってしまう。このような「目的動機」に置き換えることのできない「理由動機」をシュッツは、「真の理由動機」とよんでいる。

[引用・参考文献]
Schütz, A., 1932, *Der sinnhafte Aufbau der Sozialen Welt: Eine Einleitung in der verstehende Soziologie*, Wien: Springler. (＝2006, 佐藤嘉一訳 『社会的世界の意味構成——理解社会学入門[改訳版]』木鐸社.)
富永健一, 2008, 『思想としての社会学』新曜社.
森元孝, 2001, 『アルフレッド・シュッツ——主観的時間と社会的空間』東信堂.

[ブックガイド]
西原和久・岡敦, 2006, 『聞きまくり社会学——現象学的社会学とは何か』新泉社.：シュッツの著作はどれも難解で、すらすら読める代物ではない。シュッツの現象学的社会学につ

いてざっくり知りたいのなら、読者に代わってライターの岡敦がシュッツ研究者の西原和久に、現象学的社会学について、シュッツについて「聞きまくってくれる」本書が1番わかりやすいのではないだろうか。

3. 人びとの「方法」を見る：H.ガーフィンケルとエスノメソドロジー

3-1. エスノメソドロジー（EM）とは何か

　行為者の日常生活における「体験」がもつ社会学的な意義に関して、シュッツの考察から多くを学んだのが、「エスノメソドロジー」という用語およびその基本概念を提唱したアメリカの社会学者ハロルド・ガーフィンケル（Harold Garfinkel 1917-2011）である。

　「エスノメソドロジー（Ethnomethodology）」（以下EMと表記する）とは、日本語では「人びとの（ethno-）」「方法の（method-）」「学問（-logy）」と直訳することができる、社会学の一分野である。EMは、その名が示すように「日常生活における、人びとのさまざまな場面や状況における秩序だった方法（やり方）が、いかにしてその当人たちによって秩序づけられているのか」[1]といったことを分析の対象としている。しかしながら、この説明だけではEMが何を目的とした学問であるのかを理解するのは難しいだろう。そこでEMの方針をより明らかにするために、例をあげながら解説していくことにしよう。

　まずは「日常生活」というものについて考えてみよう。私たちは家庭や学校、あるいは職場といったそれぞれの場面での普段の生活（「日常生活」）において、実にさまざまなことを、ことさら意識することなく行っているといえる。朝起きて着替える、朝食を食べる、学校や職場に行く、友だちや同僚とおしゃべりをする……等々。こうした一連の行為は、普段の生活の中でほとんど「気づかれることのない」[2]ものとして「あたりまえ」に行われている。だがしかし、たとえば「おしゃべりする」といった行為をよく見てみると、私たちは単純な「おしゃべり」という行為を実にうまく「やってのけている」といえるのだ。他の人と「おしゃべり」するとき、私たちは「一人の人が順番に一人ずつ

話す」という形式でもってそれを行っている。一度に複数の人が同時に話すことはあっても、ほとんどの場合それらはすぐに「修復」されて一人ずつが話すという形式になる（こうした事実は実際の場面をイメージしてみればわかるだろう）。そしてそれらは、学校や家庭などで誰かに教わったりしたものではないし、おそらく多くの人にとってそんなことは「あたりまえ」だと思うだろう。だが「おしゃべり」というものを少し振り返ってみると、そこには前述したようなある種の暗黙の「ルール（規則）」のようなものが確かに存在している。そして私たちは「おしゃべり」に限らず、そうした「規則」のようなものを普段は全く意識せずに何の問題もなく使いこなしている。

EMとは、そうしたさまざまな「規則」のようなものを「人びとの方法（やり方）」、すなわち「エスノメソッド」としてとらえ、そしてそうした「方法」が、いかにして相互的に作り出されているのかを詳細に分析することによって、人びとの相互作用や、ひいては社会そのものの成り立ちのようなものを明らかにしていく学問なのである。

3-2. EMの誕生：シュッツからの影響

EMの創始者であるガーフィンケルは、1917年にアメリカのニュージャージー州ニューアークで生まれた。当初大学で経営学を専攻していたが、やがて社会学に関心を寄せるようになり、1952年にハーバード大学でタルコット・パーソンズに師事し『他者の知覚』という博士論文を提出する。その中で彼は社会秩序の問題を取り扱ったのだが、その内容はパーソンズ的な「規範」重視の「秩序」ではなく、人びとが作り上げるものとしての「秩序」を主張するものであった。ガーフィンケルは、社会秩序に関するこうした知見を、パーソンズと論争を繰り広げたA.シュッツの現象学的社会学から得ている。

ガーフィンケルの見解では、パーソンズの社会理論は、現実と理論における主観と客観との一致を目指す「対応理論（correspondence theory）」であるという。すなわち、一方に客観的な対象となる事物や現象が存在し、他方でそれを分析するための理論や手法が存在することが前提とされる考え方である。こう

した考え方では、主観の側にあるとされる理論や手法はできる限り科学的に公平で「客観性」を保持したものでなければならない。なぜならそうでなければそもそも自らの理論や分析の正しさを主張することができなくなってしまうからである。そしてそのような立場に立つ限り、対象を分析する研究者は、できる限り科学的に客観的な手法を用いる必要があり、また、それに従う限りにおいて、分析の正しさを保証する身分が与えられることになる。

　一方、ガーフィンケルが博士論文において支持する立場は「同一理論(congruence theory)」とよばれるものであり、これはシュッツの現象学的社会学などがとる立場である。「同一理論」においては、「対応理論」で目的とされたような主観と客観の一致の立場をとらない。端的にいえば、「同一理論」では、むしろ対象そのものが認識によって構成されるという立場をとる。すなわち、「客観的な対象」や事物なるものは存在せず、それらを研究しようとする研究者の「特定化の枠組み」によって対象や事物が決定されるという立場をとるのである。そして「同一理論」においては「客観性の多様性とは何か」という「対応理論」が前提としている「客観性」そのものを問うような新たな問いがそこから生まれることになる。一方で、この問いについては、シュッツの「自然的態度」の概念が示すように、日常生活においてはほとんどの人がある対象や事物をそういうものであると「自明視」しているために実際上の問題となることはほとんどない。たとえば普段何気なく日常生活を送っている人は、「自分が今見ているこの世界は本当に存在するのだろうか？」といったことをいちいち内省したりすることはない。その意味において日常世界と科学的世界は異なるものであるとされるのである。ガーフィンケルはこのような論理を展開することによって、パーソンズの社会理論などにおいて素朴に前提されていた事物の客観的存在や、それを分析する研究者の立場の特権性に疑問を投げかけ、対象の当事者そのものの視点についての考察を考慮に入れることを提唱したのである。

　では、こうしたガーフィンケルの指針は、後のEMの創設にどのような影響を与えたのか。さまざまな側面からそれは言及できるが、ひとつの大きな影響

として、EMが関心を抱く「人びとの方法」への萌芽をそこに見出すことができるだろう。「同一理論」の立場においては、極言すれば「人が見ている対象はそれ自体がひとりひとり異なる」ものであり、したがって「対応理論」で前提とされるような「客観性」それ自体を問うところから始まる。そしてそのような態度は、「対応理論」でみられるような、対象を分析する最終決定者としての研究者の立場を否定し、当事者たちのもつパースペクティブそのものを問う姿勢をもたらすことになる。そしてそれは、人びとが織りなす「人びとの方法」を分析していくというEMの指針にもつながっていく。このように、ガーフィンケルが研究の初期段階において構想した「同一理論」による社会学的研究の方針は、その後のEMの研究の萌芽を予見するものであったといえるのである。

3-3. EMと「違背実験」

　ガーフィンケルは、博士論文やその後に発表した論文において、そうした主張を裏づけるための「実験」[3]を行い、自らの考える社会学の構想を練っていった。これらは「違背実験（breaching experiment）」とよばれているものであるが、彼は自分の学生たちにそうした「実験」の「実験者」となるよう課題を与え、その結果どのようなことが起こったのかを報告させた（Garfinkel 1963, 1967 = 1989）。

　それらの「実験」とは、具体的には次のようなことを行わせるものであった。三目並べを行う中で相手の印を勝手に消したり、マス目の中ではなく外側や線の部分に印を書く。話しかけてきた相手に対して言葉の意味をひとつひとつ詳細に尋ねる。会話をする際に相手と鼻がくっつきそうになるくらいまで接近する。家族に対してまるで他人のようによそよそしくふるまう。買い物をするときにあえて何度も値切ってみる、等々。そして一連の「実験」においては、ほとんどの「被験者」が戸惑いや驚きを感じたり、怒りを表明するか呆れたりしてしまうという報告が多かった。また「実験者」の中には、自分自身の常識にとらわれてしまい、そもそも「実験」をうまく遂行することができなか

ったと報告する者もいた。確かに「常識」を考える限り、これらの行為はいずれも「非常識」なものばかりであり、こうした反応はある意味でガーフィンケルや読者の予想通りの結果であるといえるだろう。

だが一方で、一部の被験者においては、こうした予想を覆すような結果を報告した者もいた。たとえば三目並べにおいて相手の印を消すなどした実験者は、逆に被験者から同じような仕打ちを受けたり、または相手が別段気にすることなく（実験者が三目並べ以外の別のゲームを始めたのだろうと考えて）ゲームを続けようとしたりした事例を報告している。また買い物の際の値切りを実施した実験者の中には、自分の予想を超えて多くの店員が複数回の値切りに応じてくれたので、はじめは実験が嫌であったが最後には楽しくなってきたと報告した者もいた。つまりそれは、「自然的態度」、すなわち自明視された理解やふるまいを意図的に破壊された場合においても、実際にはそれらの意図的な破壊状況にうまく応じて立ちふるまうことをした人びとが（全体からみれば少数ではあるが）存在したということになる。

こうした報告はきわめて重要である。なぜならこれらの報告は、「自然的態度」といったものが「人びとの相互的なやりとりの中で作り出されている」という事実の証左になるものだからである。すなわち「自然的態度」は、普段の生活において問題となることはほとんどない。しかし、いったんそれが自明のものではなくなったとき、人は狼狽して何もできなくなるのではなく、「場面や状況に応じてそうした態度を柔軟に変化させることが可能」であるという新たな事実を報告するものに他ならないのである。

さらにこうした事実は、パーソンズの規範的な「秩序」概念への批判のみならず、「人びとが場面や状況に応じて自らの態度やふるまいを変化させ、またそうすることによって人びとは秩序を形成している」という新たな視点をもたらすことになった。そしてそれは、EMの「人びとの方法（やり方）がいかにして作り出されているのか」を分析する視点を生み出す重要な要素になったのである。その後ガーフィンケルは、陪審員についての研究を行う中で「エスノメソドロジー」という名称を思いつき、1967年に『エスノメソドロジー研究』を

出版し、EMの研究方針を広く知らしめることになったのである。

3-4. EMと「アカウンタブル」な現象

『エスノメソドロジー研究』の第1章においてガーフィンケルが重視していることは、人びとの日常的な活動といったものが、当事者たちやそれ以外の人びと（そこにはそれらを観察し分析する研究者も含まれる）にとって「見て言う(looking-and-telling)」(Garfinkel 1967：1) ことができるものになっているという点である。この「見て言う」という表現は、別の箇所で「説明可能（アカウンタブルaccount-able)」な現象、あるいは「観察可能で報告可能（observable-and-reportable)」な現象という名称でも言及されている。ではこれらの概念はいったい何を意味しているのだろうか。

ガーフィンケルは「違背実験」などを通じて、「自然的態度」が、実際には人びとの相互行為によってその場で生成され続けているという点に着目するに至った。すなわち、私たちの日常生活におけるさまざまなふるまいといったものは、あらかじめ規範などによって固定化されたものではなく、むしろそれらは常に人びとの相互行為の中で産出され、場面や状況に応じて臨機応変に変化しうるものだという点である。そしてそれらは、その場でそのつど協働的な相互行為によって生み出されるものである以上、必然的に人びとがそれを「理解する」ことができるものでなくてはならないことになる。なぜなら、それらのふるまいがお互いにとって「見える」（あるいは「理解できる」）ものでなければ、その場面や状況に応じてふるまいを変化させることができなくなってしまうからである。またそのようなものとして考える以上、人びとは常にその場において生成されるさまざまな状況に対応する必要に迫られることになり、同時にそうしたふるまいは何らかの形で「可視化」されていなければならないことになる。

次のような例を考えてみよう。横断歩道で信号待ちをしている人がいるとする。その際私たちは、ある人が「信号機の前で立ち止まっている」という現象を、信号が赤なので「信号待ちをしている」と理解するだろう。そしてそれは

「信号が赤のときは横断歩道を渡ってはならない」という社会的な「規範」からだけでなく、むしろ「赤信号の前で立ち止まっている」という行為とセットでそれを「信号待ちをしている」と理解する。また、信号が赤であるにもかかわらず横断歩道を渡る人がいた場合、「その人は用事があって急いでいたのだ」とか、あるいは「車も来ていなかったし待つのが面倒なので渡ったのだ」という形で理解することもできる。このように、私たちのふるまいは、それぞれの状況に応じてその人がとる行為をそのつど状況に応じて理解することができるし、またそうであるからこそ、私たちはお互いが「何をしているのか」ということを理解し、それにふさわしい対応をすることができるのだ。

ガーフィンケルが主張する「アカウンタブル」な現象とは、まさにこうしたことを示すものに他ならない。人びとのふるまいは、それぞれの社会を構成する成員（メンバー）にとってそのつど「観察可能で報告可能な」ふるまいとして現れるものであり、同時にそれらを観察し分析する社会学者にとっても同様のものである。つまり、EMにとって「アカウンタブルな現象」とは、成員（メンバー）やそれを分析する研究者にとってもまた「見て言う」ための共通の資源（リソース）として働き、かつそのような性質をもつものだからこそEM研究者は「その場で生成される人びとの方法」に着目するわけである[4]。

そしてこうした「アカウンタブルな現象」には同時にもうひとつの大きな性質が備わっている。それが「相互反映性」あるいは「リフレクシヴィティ (reflexivity)」とよばれる概念である。「相互反映性」とは、簡単にいうと、ある場面や状況における「アカウンタブル」な現象というものが、同時にその場面や状況そのものと分かちがたく結びついているということを示している。

先ほどの例をもう一度みてみよう。「信号待ちをしている」人は、同時に、「信号の前で待つ」という行為によって、それが他の人びとから「理解可能」なものになっていた。そしてそうした理解可能性は、同時に横断歩道の前で「信号が青になるまで立ち止まる」という、その場所や状況での行為とも密接に関係している。たとえばその人が信号もない道路の端でずっと立ち止まっていたとしたらどうだろうか。多くの人はそれを「信号待ちをしている」とは理

解しないだろうし、人によっては「信号待ちではなく、タクシーを待っているのだ」と考えるかもしれない。いずれにせよ、そこから先ほどのような「信号待ちをしている」という「観察可能で報告可能な」ふるまいを見つけることは難しくなってしまうのだ。

　それはつまり、ある場面や状況での行為といったものが「アカウンタブルな現象」として現れるとき、その場面や状況に応じたふるまいといったものについての理解を得られると同時に、それぞれの概念や行為についての理解もまた場面や状況と分かちがたく結びついているということである。そしてそのような相補的な関係を指し示す概念こそが「相互反映性」なのである。

　こうした場面と説明との相互的な結びつきは、それを観察する人びとにとってもまた同様に意味のあるものであり、逆説的にいえば、観察者もまたそのような相互の関係性を知る成員のひとりであるからこそ、そうした「アカウンタブル」で「相互反映的」な人びとの行為を分析することができるようになるのである。

3-5. その後の展開と現在のEM研究

　こうしたガーフィンケルのEMは、当初は社会学において異端視され、しばしば「主流」の社会学からは批判の対象となってきた。しかし1970年代以降、EMは社会学の世界で受容されるようになり、現在では社会学の一分野としてさまざまな方法で「人びとの方法」を研究している。

　その中で最も普及しているのが「会話分析（Conversation Analysis）」とよばれるものである。これはガーフィンケルの共同研究者として知られるハーヴィ・サックス（Harvey Sacks 1935-1975）らによって生み出された手法で、文字通り「会話」を分析することによって「人びとの方法」を探るものである[5]。またそれ以外にも、近年では「論理文法分析」や「概念分析」[6]といった会話以外の文章などにまつわる研究や「成員カテゴリー化分析」という、人びとの「カテゴリー」に関する研究も盛んになってきている。EMは「人びとの方法」を対象とするものであるため、人びとの営みがあるところならばさまざまな物事

をその研究の対象とすることができる。そしてそのような研究は、「あたりまえ」の日常生活や人びとの相互行為といった、人間の行為を分析するうえで重要な視点を与えてくれるのである。

[注]
1) たとえば（串田・好井編 2010）やガーフィンケル自身による用語の解説（Garfinkel 1974＝[1987]2008）の解説などを参照。
2) ガーフィンケルは、こうした性質をもつ日常生活のふるまいを「見えてはいるが、しかし気づかれない（seen but unnoticed）」特徴をもつものと表現している（Garfinkel 1967＝1989：34）。しかし気をつけなければならないことは、これらのふるまいは「無意識」とは違うという点である。「無意識」とはそもそも当人たちがその存在について認識すらしていない状態にあるといえるが、日常生活のふるまいとは決してそういうものではなく、いうなれば「そこに存在していることは当人たちにも理解されているが、そのことについていちいち確認をとったりしない」状態として理解されるべきものである。たとえば普段眼鏡をかけている人は、「自分が眼鏡をかけていること」についてそれを「あたりまえ」のこととして普段意識することはほとんどないといえるが、「自分が眼鏡をかけていること自体を忘れてしまっている」とは考えないだろう。このように、日常生活のふるまいとは、「特別の関心をもたない限り話題になることもない」という意味において「気づかれない」のである。
3) ガーフィンケルがまとめたこれらの分析は、実際のところ厳密な意味での科学的実験とは大きく異なるため、ここでは「実験」と表記している。
4) もちろん、実際の場面や状況に応じて人びとのお互いにやっていることが「よくわからない」という状況も発生するだろう。だがここで重要なのは、その場合の「わからない」ことを含めて私たちの相互行為は「アカウンタブル」であるという点である。つまり「わからない」ということが「わかる」からこそ、私たちはそれを「わからない」と表現することができるということだ。たとえば「無秩序」とは「全くの不明瞭」などではなく、私たちが「秩序」という状態をあらかじめ理解したうえで「そこに秩序立ったものが存在しない（あるいは観察できない）」という意味において「無秩序」とよぶことができるのと同じなのである。
5) 現在ではエスノメソドロジー（EthnoMethodology）と会話分析（Conversation Analysis）を一緒にした「EMCA」（または「EM/CA」）という略称も使用されるようになっている。
6) 「論理文法分析」や「概念分析」とは、私たちが使用している言葉の概念関係に着目し、

そこから得られる「人びとの方法」を分析する手法である。たとえば「本」という言葉の概念を知るためには「読む」や「紙」といった他の言葉の概念との関係性についても知らなくてはならない。このように、ある言葉の概念が他の言葉の概念とどのように結びつくのか（あるいは結びつかないのか）といったことを手がかりにして分析を行うのが「論理文法分析」や「概念分析」とよばれるものである。詳細についてはクルター（Coulter 1979＝1998）などを参照のこと。

［引用・参考文献］

Coulter, J., 1979, *The Social Construction of Mind: Studies in Ethnomethodology and Linguistic Philosophy*, Macmillan.（＝1998, 西阪仰訳『心の社会的構成――ヴィトゲンシュタイン派エスノメソドロジーの視点』新曜社.）

Garfinkel, H., 1963, "A Conception of, and Experiments with, "trust" as a Condition of Stable Concerted Actions," in Harvey, O.J.(ed.) *Motivation and Social Interaction: Cognitive Approaches*, Ronald Press, pp.187-238.

――――1967, *Studies in Ethnomethodology*, Prentice-Hall.（＝1989 北澤裕・西阪仰部分訳「日常活動の基盤――当り前を見る」『日常性の解剖学――知と会話』マルジュ社.）

――――, 1974, "The Origin of the Term "Ethnomethodology,"" Turner, R. ed., *Ethnomethodology*, Penguin, pp.15-18.（＝［1987］2008, 山田富秋・好井裕明・山崎敬一編訳『エスノメソドロジー――社会学的思考の解体』せりか書房.）

串田秀也・好井裕明編著, 2010,『エスノメソドロジーを学ぶ人のために』世界思想社.

［ブックガイド］

前田泰樹・水川喜文・岡田光弘編著，2007，『ワードマップ エスノメソドロジー：人びとの実践から学ぶ』 新曜社．：エスノメソドロジーに関する基本的な考え方や現在の研究動向などについて網羅した一冊。「エスノメソドロジーとは何か」という基本的な話から、会話分析などの現在行われているさまざまなエスノメソドロジー研究についても網羅されており、エスノメソドロジーという学問分野の全体像を知ることができる。巻末にはエスノメソドロジーの方法論に関するFAQもあり、エスノメソドロジー以外の社会学を学ぶ人たちからの疑問などにもできる限り対応しようという著者たちの意気込みが伝わってくる。

【コラム1】コミュニケーション的合理性

　私たちは普段の生活の中でさまざまなコミュニケーションを行っている。このような人びとのコミュニケーションについては、社会学において常に研究の対象となってきた。そして、「コミュニケーション」という行為そのもののもつ意義と重要性を研究した人物としてドイツの社会学者J.ハバーマス（Jürgen Habermas 1929- ）をあげることができる。

　ハバーマスはその著書『コミュニケイション的行為の理論』（1981＝1985-7）の中で、次のような4つの行為の分類を行っている。1つは「目的論的行為」とよばれるもので、これは「行為者が一定の状況のもとで効果を期待できる手段を選択し、適切な仕方でこの手段を用いることによって、1つの目的を実現する」（Habermas 1981＝1985：132）行為である。また「目的論的行為」には、「戦略的行為」とハバーマスが呼ぶ行為が含まれる。これは、他者の行為を計算に入れながら、自分にとって最も効率のよい結果を目指す行為である。それが2つ目の行為である。そして3つ目の行為として「規範的に規制される行為」があり、これは社会的な規範や集団の価値に対する服従によってもたらされる。そして4つ目には「演技的行為」があり、これはE.ゴフマンが指摘したような「演技」としての相互行為を考察するものである。

　だがハバーマスはこうした従来の行為論に対し、新たに「コミュニケーション的行為」を提言する。それは、言語を媒介とした対人的で相互に了解（諒解）することを目指す行為である。こうした行為は他者との了解による合意形成がその中心となっており、自分の発言が客観的事実と一致しているか（真理性）、適切な状況でなされているか（適切性）、そして嘘偽りなく誠実に発言しているか（誠実性）の3つの基準によって判断される。そしてハバーマスは、このような妥当性要求を満たすコミュニケーションを行うことによって、双方の合意を形成し了解を得ることができると考えた。またそうした行為は日常の「生活世界」の中で行われるものであり、それは合意形成を作り出すための場でもある。

　一方でハバーマスは、こうしたコミュニケーション的行為の基盤となる「生活世界」が、近代以降の社会において前述した「目的論的行為」や「戦略的行為」などの成果志向的な行為によって浸食されていると指摘する。人びとの「生活世界」を「権力」や「貨幣」といった政治的、経済的なシステムによって統制するのではなく、近代以降自明視されてきた「合理性」とは異なる「コミュニケーション的合理性」によって作り上げるという彼の主張は、私たちが知らず知らずのうちに陥りがちな「権力的志向」を省みるための大きな指針となるだろう。

　　[参考文献]
Habermas, J., 1981, *Theorie des Kommunikativen Handelns*, Suhrkamp Verlag.（＝1985, 1986, 1987, 河上倫逸他訳『コミュニケイション的行為の理論』（上・中・下）未来社.）

Chapter 2

Simmel　Cooley　Mead　Blumer

相互行為論の社会学
——日常生活の自己・他者・相互作用を問う——

　　われわれの日常生活は、ひととひととの関係から成り立っている。家族という他者、友人という他者、見知らぬ他者など、他者のいない日常は存在しない。
　　たとえば、満員電車での人びとは、あたりまえのように見知らぬ他者に無関心であり、また空間を共有できている。そして街を歩けば、あたりまえのように見知らぬ他者とすれ違うことができる。他方、学校に行けば友人と楽しくおしゃべりができ、カフェに行けば店員が接客してくれ一息つくことができる。
　　これらのあたりまえの日常に、何の疑問も抱かないかもしれない。しかし、これらの日常は実は「あたりまえ」のものではない。なぜ、見知らぬ他者と空間を共有しながら、無関心でいられるのだろう。なぜ、見知らぬ他者とすれ違うことができるのだろう。なぜ、友人とおしゃべりできるのだろう。なぜ、カフェでくつろぐことができるのだろう。
　　これらの社会現象を問いただしていくときりがないが、社会学概念を使用して社会現象をみていくと、あたりまえの日常生活があたりまえではないことに気づく。そこで本章では、社会を形成しているものが個人と個人との相互作用であるという立場から、日常生活における相互作用、自己、他者、感情、意味などを問い再考していく。
■キーワード：相互作用、感情、社会的自我、役割、意味、シンボル

■ 1．日常生活の相互作用：G.ジンメル ■

1-1．相互作用の社会：ひととひととをみるまなざし

ゲオルグ・ジンメル（Georg Simmel 1858-1918）は、1858年にドイツ（正確には

ドイツがまだ統一されていなかったので「プロイセン王国」の首都ベルリン）で生まれた哲学者であり社会学者である。ジンメルの社会への問いは、「社会はいかにして可能か」[1] というところから始まる。ここでの社会とは、個人と個人がつながり社会が形成されるものである。そのまなざしとは、個人が社会よりも先行する、社会が個人よりも先行する、というものではない。彼において個人と社会とは、糸と糸とが結びついた結び目に発生するものと考えられていた。

「個人とは社会的な糸がたがいに結びあう場所にすぎず、人格とはこの結合の生じる特別な様式にほかならない。すべての人間的な行為が社会の中で経過し、何ものもその影響をまぬがれることはできない」(Simmel, 1908＝1994：12)。個人と社会とは、どちらか一方が先行するものではなく、個人と個人の相互作用によって社会が発生し、結び目である社会に人びとは生きている。すなわち「多くの諸個人が相互作用に入るときそこに社会は存在する」(Simmel, 1908＝1994：15)。この相互作用は、一定の衝動もしくは目的のために成立する。性愛、社交の衝動や防衛と攻撃、遊戯と営利などの目的などが原動力となり、個人と個人が集合し、助け合い、共存し、対立し、行為し、関係性を作っていく。それは自己が他者に作用することであり、自己が他者から作用を受けることでもある。このように社会は生じていく。

では社会が生じる相互作用とは、ジンメルにおいてどのようなものを意味するのだろうか。それはふたつもしくはそれ以上の要素が、互いに影響を与えながら関係し存在している状態である。それは、ひととひととの間の関係としての相互作用である「社会的相互作用」とお互いが関係することによって心のあり方に影響を与えあう「心的相互作用」である。「心的相互作用」とは、われわれが日常他者と行っている、まなざし、身ぶり、会話などを通して互いの心が影響しあう関係である。

ではひととひとが相互作用を行うところには、すべて社会が成立していくのだろうか。ジンメルは、「心的相互作用」のプロセスが社会関係を形成させ、結果社会が生じると考える。ひとの「心」とひとの「心」が作用することで、ひととひとが作用しあい、人間同士のふるまいとなる。それが相互につながる

1．日常生活の相互作用

と社会となる。

　たとえば、朝のラッシュ時の電車に乗っていると、否応なしに他人が自分の私的空間を侵してくる。このような空間において、他人同士が「ちらっ」と顔を見あわせる瞬間がよくある。では、この状態は社会が成立しているといえるのだろうか。この状態は、菅野によると社会が成立するギリギリの「限界現象」とされる（菅野, 2003：33）。またわれわれは、街に出れば他人とすれ違い偶然に接近する。この現象はジンメルにおいては、まだ社会が成立しているというには不十分な状況である。確かにこの状況は相互作用ともいえるが、まだ相互作用の頻度や強度が増していないため、ひととひととが結びついているとはいえない。したがって、ひととひととが「ちらっ」と見あわせる瞬間は、社会が成立する「限界現象」となる。当然、この「ちらっ」と見あわせたもの同士が、その後相互作用の頻度を増しひととひとがつながった状況を作ったならば、社会が成立したことになる。

　ジンメルの社会とは、個人と個人との相互作用によるものである。ではなぜ彼は、相互作用という視点から社会や個人をとらえようとしたのだろうか。それは彼が見出した「形式」という社会学的道具から明らかになる。

1-2.「形式」という社会学的道具

　ジンメルは社会における「形式」に着目し、社会をとらえる。それがジンメルの「形式社会学」である。ジンメルの考える「社会化」とは、無数のさまざまな様式によって実現される形式である。個人は、この形式の中で感覚的か理想的、瞬間的か持続的、意識的か無意識的な原因や目的として引きつけられた諸関心に基づいて統一体に合成される。諸関心もまた形式の中で実現される（Simmel, 1908＝1994：16）。社会的現象とは、「内容と社会的な形式は統一的な実在を構成し、社会的な形式が、それぞれの内容から切り離されて存在を獲得することはありえない」（Simmel, 1908＝1994：16-17）ものである。

　たとえば、「経済を扱う学問は何ですか」と尋ねられるとあなたは何と答えるだろう。「歴史を考える学問は何ですか」、「ひとの心理に着目する学問は何

ですか」と尋ねられると何と回答するだろう。きっと多くのひとが、それぞれ「経済学」、「歴史学」、「心理学」と答えるだろう。これらの回答は、誰もが正解であることに疑問を抱かない。しかし、この回答にはあることが起こっている。それが、分類と区別である。ジンメルは、「経済学」、「歴史学」、「心理学」といった分類、区別によって見失われているものがあると考える。それは「経済学」、「歴史学」、「心理学」の学問における「経済」、「歴史」、「心理」の内容の相違ではなく、ここに共通している「形式」をとらえるという方法の相違である。それは、空間的な形式が質量なしに存在することができず、質量の形式が空間的な形式であることと同じである (Simmel, 1908＝1994：16-17)。

　たとえばわれわれの生きる社会には、「競争」という現象がある。「政治の場での競争」、「経済の場での競争」、「宗教の場での競争」、「スポーツの場での競争」など「競争」という現象が無数にみられる。では人間にとっての「競争」とはいったいどういう意味をもつのだろうか。ジンメルは、「政治の場での競争」、「経済の場での競争」、「宗教の場での競争」、「スポーツの場での競争」といったように、バラバラに「競争」を考えるのではなく、人間にとって「競争」そのものがもつ意味を考えようとする。これが彼の考える社会化の「形式」である。

　ジンメルは、人間行為における「競争」の「形式」を問う。それは「競争」をとらえるとき「政治目的」、「経済的利害」、「宗教への関心」、「スポーツでの勝敗」といった「競争」における内容からいったん切り離して、「競争」についての「形式」を考察することを有効とするものである。「経済を扱う学問は経済学」、「歴史を考える学問は歴史学」、「ひとの心理に着目する学問は心理学」、なぜひとはこのように分類、区別を自明のものとして理解しているのだろうか。

　ジンメルによると、人びとの客観的に規定された生活内容が、彼らを個人的に動かす生活内容が存在するからといって、それによって彼らが社会になるのではない (Simmel, 1908＝1994：17)。それゆえに、ジンメルは「経済学」、「歴史学」、「心理学」が前提にしている、ひととひとの関係にある「内容」と「形式」の「形式」のみを取り出してみようと考えたのである。それが「形式社会学」

1．日常生活の相互作用　　45

という社会学の道具であり、そこには、当然ひととひととの相互作用は存在している。ではジンメルの考える相互作用とは、どのような相互作用だろうか。

1-3. ひととひととの関係：結合と分離

　ジンメルによると、ひとは事物を「結合」する存在であり、また常に「分離」しないではいられない存在である。また「分離」することをしないで、「結合」することのできない存在でもある (Simmel, 1909 = 1999 : 100)。ひとは、外界の事物の形象をたがいに「結合」しており、「分離」しているものと見なしている。すなわち、ひとには「結合」が常に「分離」を前提しているという独特の方法で、結びつけたり切り離したりする能力を与えられている (Simmel, 1909 = 1999 : 90)。「分離」しているものは結びついているものを感じ、結びついているものは「分離」するものと感じている。そして「分離」と「結合」は、われわれの日常生活のあらゆるところに潜んでいる。
　『橋と扉』(1909) で明らかにされているように、われわれの日常に存在する「橋」や「扉」は「分離」と「結合」からなる。橋は、「分離」したものを単に現実的に実用目的のために「結合」するだけではなく、「結合」していることを直接視覚化させる。それは、岸と岸との間の距離を思い知らせることでもある。多くの場合は、ひとは「結合」しているから「分離」していない、「分離」していないから「結合」していると考えるだろう。しかしジンメルは、「分離」と「結合」を同時に発見したのであった。
　ジンメルにおいて道は、集落と集落を客観的に結びつけたものとされる。それは、集落と集落が「分離」していることを前提としている。また扉も、「分離」と「結合」からなる。橋は「結合」にアクセントをおき、同時に、橋によって視覚化される。また測定できるようになった両岸の距離を克服しているならば、「扉はより明確な形で、分離と結合が同じ行為の両側面にすぎないことを表現している」(Simmel, 1909 = 1999 : 90)。扉は、無限の空間の中から一区間を切りとり、その空間が内的なまとまりをえると同時に、他のすべての世界から切り離す。ジンメルによると、「壁は沈黙しているが、扉は語っている」

(Simmel, 1909＝1999：95)。扉は閉じられると、空間の中にあるもの以外を遮断する。その境界は、ひとが自分自身で設定する。しかし設定した境界は、自分自身で自由に破棄することもでき、ひとはこの自由を確保しながら境界設定を行っている。

ジンメルによると、橋の場合の「分離」と「結合」は、「どちらかといえば自然が分離し、人間が結合するという形で出会っている」。他方、扉は「分離と結合が同じように、人間の作業の中に人間の作業として侵入してくる」(Simmel, 1909＝1999：96)。したがって扉の場合は、そこから入るか出るかにより、全く異なった意図が示される。

以上のように、ジンメルはあらゆる境界に「分離」と「結合」を同時に発見したのである。そしてこの「分離」と「結合」は、日常生活のあらゆるところにみられる。たとえば家族は、「分離」と「結合」の両義性を孕んだものである。結婚は、「分離」していたひとりの男性とひとりの女性が「結合」した結果生じる現象である。ここで情熱的な夫婦と冷え切った夫婦のケースから「分離」と「結合」をみていこう。

情熱的な夫婦のあいだに子どもが生まれる。多くの場合、子どもの誕生は、夫婦において「結合」としてみなされるが、子どもの誕生は、夫婦にとって「分離」をもたらす。なぜならば、子どもの誕生は「親近と疎遠というとくに二元対立的な条件をもつ」(Simmel, 1908＝1994：99)からである。他方、冷え切った夫婦の場合の子どもの誕生は、ふたりの関係に「結合」をもたらす。冷え切った夫婦が子どもをもたないのは、子どもができることで「結合」し、その結果、「分離」できなくなるからである。現在の日本社会で生じている離婚率の上昇や未婚率の上昇などは、ジンメルの「分離」と「結合」を用いて考えてみると、改めて納得させられてしまう現象である。

そしてより熱い「分離」は、「闘争」にみられる。日常生活を改めて問うと、ただ調和的で「結合」するだけの集団は存在しない。ある集団が求心的で、調和的であり、「結合」だけならば、それは経験的に非現実であるのみではなく、けっして本来の生過程を示さない(Simmel, 1908＝1994：263)。ジンメルによると、

「闘争」は、利害共同体、統一化、組織を引き起こし、それらを変容させる。人びとのあいだにある相互作用が社会化であるならば、「闘争はともかくもっともなまなましい相互作用のひとつ」(Simmel, 1908 = 1994 : 262)とされる。

たとえば、外部との「闘争」である「分離」は、集団内を「結合」させ内部のつながりを強くさせる。けれども集団内の「闘争」は、「結合」していたものを「分離」させることもある。すなわち「分離」が「結合」を生み、「結合」が「分離」を生み出す。ジンメルによると、社会が一定の形態に達するためには、「調和と不調和、結合と競争、好意と悪意のなにほどかの量的な割合を必要とする」(Simmel, 1908 = 1994 : 264)。われわれの日常生活にある、なまなましい相互作用である「闘争」は、「分離」と「結合」を生み出すが、生きた生を与えるものでもある。

1-4. 他者との関係：秘密

自明のことではあるが、われわれの日常は他者との相互作用から成っている。「人間相互のすべての関係は、彼らがおたがいについて何ごとかを知りあっているということにもとづいている」(Simmel, 1908 = 1994 : 350)。学生は、先生に対して専門的なことを教えてくれることを期待できる相手と知っているし、恋人のいる彼女は、彼が自分にやさしくしてくれることを知っている。日常生活の他者は、父親、母親、兄弟姉妹といった血縁関係のある他者から、友人、恋人、バイト仲間といった自分の所属する社会で出会った他者と多様である。われわれがあたりまえに他者と日常を過ごすことができるのは、「個人はそれぞれの社会層の内部において、他のそれぞれの個人にほぼいかなる教養の程度を前提すべきかを知っている」(Simmel, 1908 = 1994 : 350)からである。しかしわれわれの他者との関係は、他者について知っているが、絶対的に知ることができない関係でもある。

たとえば今、あなたのそばにいる友人や恋人は、あなたがこの世に生を受けたときから友人や恋人であったわけではない。出会ったときは、知らない他人であった。そして知らない者同士が出会い、現在、友人や恋人といった関係性

を有している。ひとは他者と出会うとき、その他者に男性、女性、先生、学生、医者などといった何らかの程度で一般化された他者をみる。現在の友人も恋人も、自分の一般化された他者からみて出会い、現在の関係性を構築したのである。そしてこのとき、われわれは他者に対して、あるズレの中で他者を理解し、他者も自分を理解している。

「人間が他者について個人的な接触から得た形像は、あるずれによって条件づけられている。このずれは、不完全な経験、不十分な視力、共感もしくは反感にみちた先入見からの単純な錯覚ではなく、むしろ現実の客体の性質の原理的な変更である」(Simmel, 1908=1994：43)。それは、他者の個性についての完全な知識が自分に拒まれていることである。そして人間相互のすべての関係は、互いが他者の個性について完全な知識のない欠陥のさまざまな程度によって条件づけられている。

ひとは、今、他者とどのような関係（恋人、夫婦など）であろうと、あるズレから他者と出会い、他者を理解している。したがって、他者について知ってはいるし、理解もしているが、けっして絶対的に知ることができない、すべて理解することができない中で、関係を形成している。むしろ、ひととひととの関係は、全部知らない関係の中で関係性を継続しているのである。

日常生活における他者との関係の継続は、ジンメルによると一定の無知を前提とし、きわめて変化することももちろんであるが、ある程度の相互の隠蔽も前提とする (Simmel, 1908=1994：358)。すなわち夫婦であっても、恋人でもあっても、その関係を継続させるためには「秘密」が必要になる。

たとえば、多くのひとは恋人関係にあるひとや夫婦関係にあるひとには、「自分のことをわかってほしい」、「彼・彼女のことを、もっと知りたい」と思うかもしれない。しかし、知人に対して、「自分のことをわかってほしい」、「彼・彼女のことを、もっと知りたい」と期待するだろうか。ジンメルによると、社会的な意味における知人関係には、「配慮」が存在する。ここでの「配慮」とは、「全人格にたいして行われるまったく一般的な遠慮」(Simmel, 1908=1994：362) である。すなわち他者が隠す意志をもっている「秘密」、積極的に

1．日常生活の相互作用　49

明らかにしない「秘密」を尊重することで、知人関係が存続するということである。知人関係が知人関係として継続しているのは、互いに「秘密」には触れないという「配慮」があるからといえる。

そして恋人、夫婦関係にも「秘密」は重要である。なぜ恋人同士だった2人が別れてしまうのだろうか。なぜ多くの夫婦が離婚するのだろうか。原因は多様であるが、その要因のひとつにジンメルの「秘密」が考えられる。

ジンメルによると、「秘密、つまり消極的あるいは積極的な手段によって支えられた現実の隠蔽は、人類のもっとも偉大な達成のひとつである。幼稚な状態においては、あらゆる考えがたちまち言いあらわされ、あらゆる企てがすべての人の目につきやすいが、この状態にたいして生活の途方もない拡大が秘密によって達成される」(Simmel, 1908＝1994：371)。

多くのケースの場合、恋人関係になったときは、「もっと彼や彼女のことを知りたい」と思うだろう。この「知りたい」という欲望は、彼や彼女について知らないからである。すなわち、彼も彼女も相手に対して「秘密」をたくさん有しているからである。そして、結婚した夫婦にも同様のことがいえる。結婚当初は、相手のことをすべて知りたいと思うし、知ってもらいたいと思うかもしれない。しかし数年後、結婚当初のような「相手について知りたい思い」という思いが薄れてしまうのは、なぜだろうか。それは、互いに謎がなくなってしまったと考えられる。すなわち、双方が双方に「秘密」を有さない、「魅力のない陳腐な慣れへ、もはや驚きのいかなる余地もない自明へと堕落」(Simmel, 1908＝1994：370) しているのである。

恋人と別れる、離婚することには、多様な理由があるだろう。しかし、2人の関係性からその継続をみていくと、そこには「秘密」が存在していることがわかる。恋人や夫婦関係で相手のことを「全部知らなければならない」、「全部知るべきである」、相手に「見せなければならない」、「見せるべきである」という通俗的な見解は、恋人、夫婦関係を「分離」させる方向へと導いているにすぎない。したがって、親密な関係性を継続していく、継続していきたい他者関係においては、「秘密」が必要となる。

ジンメルが見出した形式社会学という社会学の道具は、われわれの日常を新鮮なものとしてとらえる視点を与えてくれる。自明なことではあるが、われわれの日常は、ひととひととの相互作用からなる。相互作用からみる社会には、「分離」と「結合」、「秘密」が存在していることが、本節で明らかとなった。そして彼は、宗教、信頼、都市、空間、上位と下位など、多岐にわたる概念で社会的世界を照らしている。そして他方で、社会を相互作用ととらえる彼の発想は、その後の社会学に多大な影響をもたらしている。「心的相互作用」の形式を対象とする形式社会学の発想は、本章でも展開する「シンボリック相互作用」の中に流れ込んでいる（草柳，1997：178）。

　　［注］
1）ジンメルにおいて「社会はいかにして可能か」という問いは、カントが立てた、同じく「いかにして自然は可能か」というカントの問いを「社会」に適用したものである。ジンメルによると、カントにおける自然とは認識作用の一定の様式であり、「われわれの認識カテゴリーをつうじて、そしてまたその中において生じる表象なのである」。それゆえに「いかにして自然は可能か」という問いは、カントにおいて「われわれの知性の本質をなす形式を、またそれとともに自然そのものを成立させる形式を、探究することによって解かれる」（Simmel, 1908＝1994：37-38）。

　　［引用・参考文献］
Simmel, G., 1908, *Soziologie*, Unter suchungen über die Formen der Vergesellschaftung, Dunker & Humblot, Berlin.（＝1994，居安正訳『社会学』（上巻）白水社.）
─────, 1909, Brücke und Tür.（＝1999, 北川東子編訳，鈴木直訳「橋と扉」『ジンメル・コレクション』筑摩書房.）
草柳千早，1997,「ジンメルと個別科学としての社会学」那須壽編『クロニクル社会学』有斐閣アルマ.
早川洋行・菅野仁編，2008,『ジンメル社会学を学ぶ人のために』世界思想社.
奥村隆，2014,「ゲオルク・ジンメル」『社会学の歴史 I』有斐閣.
菅野仁，2003,『ジンメル・つながりの哲学』NHKブックス.

___ブックガイド___ ✎

奥村隆, 2013,「遊戯としてのコミュニケーション──ジンメル」『反コミュニケーション』弘文堂.：本書は、「コミュニケーション」がテーマである。ジンメルの社会学概念から展開されている本書は、日常生活のコミュニケーションについて、改めて納得させられると同時に、ジンメルの社会学概念をもっと知りたいという興味をそそられるものである。

■ 2. 自己、他者、感情の社会学：C.H.クーリー ■

2-1. 社会的自我：鏡に映った自我

「社会的自我」や「社会的自己」(social self)[1]とは、日常生活で聞きなれない言葉だろう。では「社会的自我」とは、どのような自我を意味するのだろうか。それは、他者との期待とのかかわりにおいて社会的に形作られ、常に他の人間との関連で形成され、孤立したものではない社会的なもの（船津, 2012：22）を意味する。

たとえば勤め先の上司や先輩が、あなたに対して「頼りになる」、「将来有望だ」といった評価をしたとき、どのような感情を抱くだろうか。おそらく大多数のひとが、「私はひとの役に立てている」、「私は有能な人間だ」、「私は頼りになる人間だ」といったように自分自身を誇りに思い、喜びの感情を抱きはしないだろうか。他方、あなたに対して「頼りにならない」、「おちこぼれだ」といった評価をしたとき、「私はひとの役に立たない」、「何をやってもダメな人間だ」などといったような感情を抱くだろう。

このようなケースは普遍的なことではあるが、自分に対して評価を行うのは他者であり、他者の評価に対して自分が自己を評価している。この自己に対する評価で生じる感情が、「自己感情」(self-feeling) である。そしてこの感情が社会的自我であると見出した社会学者が、チャールズ・ホートン・クーリー (Charles Horton Cooley 1864-1929) である。

彼は、自己とは他者とのコミュニケーションや相互作用によって形成される社会的なものであることを主張する。それは、ひとが日常で一人称単数代名詞（「私」、「私に」、「私の」、「私のもの」）と使用し、理解しているところであり、経験

52　第2章　相互行為論の社会学

的自我（empirical self）とよばれるものである。そして彼が、自己が社会的自我であることを明示した社会学概念が、「鏡に映った自我」(looking-glass self) である。「鏡に映った自我」とは、第1に他者が自分をどのように認識しているかについての「想像」、第2に他者が自分をどのように評価しているかについての「想像」、第3にそれに対して自分が感じるプライドや屈辱などの「自己感情」からなるものである（Cooley, 1902：184）。

　ここで日常生活を思い出してほしい。朝の身支度や化粧のときなど、必ずといっていいほど鏡を見ないだろうか。ではあなたは鏡を見て、何を確認しているのだろうか。それは当然、自分の顔や容姿などである。私は、私自身で顔、髪型、全体の容姿を確認することはできない。確認できるのは、鏡や写真などの映し出されたものを通してのみである。そしてわれわれは、鏡や写真などを通してでしか自己を確認することができないことと同じく、他者を通じてでしか自己を知ることができない。

　「鏡に映った自我」概念における他者とは、他者が自分に対してもつ認識と評価を想像することで理解される他者である（Cooley, 1902：209）。それは他者が自分を「どのように認識しているだろうか」、「評価しているだろうか」、について自分自身が他者のマインドを想像することでとらえられた他者である。

　クーリーが、とりわけ「想像」を通して他者をとらえるのは、他者の態度や行為といった外見に表される直接的な他者の反応には故意的なものが含まれていると考えたからである。そして自分の想像による他者の認識および他者の評価によって生じる「自己感情」を自我とした。自我とは、「鏡に映った自分、過去における他者の内省」(Cooley, 1902：184) であり、他者とのコミュニケーションによって形成された「社会的自我」である。

　そして彼のいう「社会的自我」とは、人びとが日常生活で観察し、理解し、確かなものとされているものである（Cooley, 1902：168-169）。クーリーは、他者の存在なくしては自我の形成、変化や変容もないことを「鏡に映った自我」概念で示した。けれども他者を「想像」によりとらえ、「自己感情」に「社会的自我」を見出す発想は、クーリーの特徴であるが批判される考えでもあった。

2-2.「社会的自我」論の批判

　クーリーによると、個人は社会あっての個人であり、社会は個人あっての社会である。彼は「社会が個人に先行する」、「個人が社会に先行する」、とは考えない。ここでの個人と社会は、硬貨のように表裏一体であるものと考えられる。それゆえにクーリーは、自己としての「ワレ」が、「ワレワレ思う、故にワレあり」が正しい表現と主張する。彼が生きた時代では、「自己意識」が基本であり、「社会意識」に先行するものである考え方が主流であった。しかしクーリーは、「ワレワレ」という側面や社会的側面を強調し、「ワレワレ」を除いて「ワレ」[2] 意識を強調することは一面的であり、個人的であると考えたのである。彼において個人も社会もワレも、一面ではとらえることのできないものであった。

　他方、哲学者であり、社会心理学者でもあるG.Hミードもクーリーと同じく「自我はもはやデカルトの意識過程ではない」（Mead, 1930：696）とする。ミードもクーリーと同じく「社会的自我」を主張し、彼の思考には柔軟さがあると高く評価する。クーリーの立場が優れている点は、社会過程が意識の中で進行しているとするところにある。そしてその社会過程において、自己と他者とが生じることを何にも囚われずに見出したところにある。自己を他者に抱かれる観念とみなし、他者を他者について自己が抱く観念とみなすことで、社会過程のふたつの局面である個人と社会とが同一の意識の中におかれることになる。

　けれども他方では、「鏡に映った自我」で示されている「想像」と「自己感情」についてきびしい批判が行われている。ミードによると、自己はマインドの直接的特質ではない。「社会的自我」は最初に個人的であって、その後に社会的になるものではない。マインドそれ自体は、コミュニケーションを通して生じる。したがって、意識状態の解釈を通してでしか到達できない自己は、はじめから社会的自我ではありえないことになる。クーリーの見解では、他者の役割を取ろうとする客観的局面が見落とされている。ミードによると、彼は自己や社会が原初的なコミュニケーションから生じることをみなかったし、それらのリアリティを初期の人間行為の中で把握していなかった（Mead, 1930：693）。

ミードは、「社会的自我」の考えについてクーリーから多くの影響を受けている。けれども彼の立場からするとクーリーの見解とは、不可避的で内観的なものであり、唯我論の意味合いを伴っているものであった。「社会は個人のマインドのなかにしか存在しないし、どうみても本質的に社会的である自我という概念も、想像力の産物」(Mead, 1934＝1973：239) となる。他者が、「もしわれわれの自我として現われるのであれば、他者にとっての個々人の反応を通じてである」(Mead, 1930：696)。「想像」を通しての他者とは、主観主義や観念論の立場からの他者である。「社会的自我」が「自己感情」であるならば、いかなる分析を行っても自我の社会性にはたどりつけない。「社会的自我」をプライドや屈辱といった「自己感情」に見出すのでは、「自我の起源も、そういう経験を特徴づけていると推定されている自己感情の起源も、説明できない」(Mead, 1934＝1973：185) ことになる。

　個人と社会を表裏一体のものと考え、さらに社会が個人のマインドに存在するクーリーの見解は、自我が本質的に社会的であることも想像力の産物にしかすぎない (Mead, 1934＝1973：239)。「自我は、『人間が』誕生したとたんにすでにあるものではなく、社会的経験や活動の過程で生じるもの、すなわちその過程の全体およびその過程にふくまれている他の個人たちとの関係形成の結果としてある個人のなかで発達する」(Mead, 1934＝1973：146)。

　ここで取り上げたミードにおけるクーリーの批判は、当時、多くの研究者によって理解されたクーリー評価といえる。けれども最近では、クーリーの再評価研究の動きが見られている。

2-3.「社会的自我論」の再評価：自己感情における人称代名詞の習得と自己所有化行為

　H.シューベルト (Hans-Joachim Schubert) によると、クーリーの考える「想像」は経験的世界から離れたものではない。それはむしろ、相互主観的なコミュニケーションとの実質的な交わりである。そしてマインドは、外部世界との結合によってつくられた「内的経験」である (Schubert, 1998：21)。クーリーは、社会的秩序と「デモクラシー」の概念を結びつけ、相互作用過程において確立されるものに

目を向けていた。

　クーリーの他者とのコミュニケーションの考えには、「共感」が含まれている。「共感」とは、「第一次集団」[3] (primary groups) の他者とのコミュニケーションを通じて、各個人に養われていくものである。「共感」には、自分と他者とを結びつけ、他者に抱く観念や感情をまとめさせる機能がある。それは、他者を知り、それを通じて自己を知るといった「共感的イントロスペクション」である。そこで自我は、より具体的なものとして形成されていくこととなる。クーリーは、他者とのコミュニケーションに「共感的イントロスペクション」をみていた。それを表現したひとつが「鏡に映った自我」概念であったと考えられる。けれども「鏡に映った自我」は社会学において有名な概念だけに、その概念だけが独り歩きして解釈されてきたのである。

　他方、D.D.フランクス（David D.Franks）とV.ゲーカス（Viktor Gecas）によると、「鏡に映った自我」概念はこれまで一方的な関心がもたれてきた。それは自己の重要な過程が印象的で容易に把握でき、対人的要因と個人的要因とにおいて単純に把握できる。さらには、比較的簡単に操作できテストができるものとされ、自己の社会的、対人関係面を重要視したものであり、「役割取得」の典型的な相互作用過程の本質であるといった、単純化され、歪められた解釈であった（Franks & Gecas, 1992：50）とされている。

　他方、彼の「社会的自我」論の典型的な批判対象は、「自己感情」に自己を見出した特性にある。クーリーが「自己感情」に自我を発見した背景には、子どもを対象とした彼自身の観察がある（Cooley, 1908）。彼の観察記録によると、生後まもない子どもには、言葉にならないプライドに似た感情がある。それは突如として表れる感情ではなく、人称代名詞を発するときと「自己所有化」(self-appropriation) 行為を行うときに表れてくる感情とされる。

　彼の観察記録によると、子どもは23ヵ月頃に「私の」、「私のもの」といった人称代名詞を正しく用いるようになる（Cooley, 1908：243-244）。仲間同士で遊んでいるときに、自分の玩具を取られると、「私の」、「私のもの」と発言しながら玩具を取り返そうとする。ここでの子どもの「私の」、「私のもの」という発

言は、玩具が自分の所有物であることを示しており、玩具を取り返そうとする行為は玩具が自分の所有物であることを示している。これらの発言と行為には、子どもが他者に対して自己主張を伝達している社会的手段がみられる。そしてここに、彼は「自己感情」が生じていることを発見したのである。「自己感情」には、他者の注意を引くことと他者をコントロールするという社会的欲求が含意されている。したがって、「自己感情」は自己に関して非常に大きな役割をもつ感情となる（Cooley, 1908：232）。

けれどもクーリーは、「自己感情」が具体的にどのような感情であるかについては命名していない。なぜならば、「自己感情」とは社会的活動を刺激し、全体をまとめる重要な役目と結びついて進化し、経験によって規定され、発展していく感情（Cooley, 1902：171）だからである。それゆえに「自己感情」は、成長に伴い意識化可能な感情へと変化していく感情と考えられる。

2-4. 自己意識的「自己感情」からみる自己

クーリーにおける「自己感情」には、「ワレ」意識との関連はない。けれどもこの段階での「自己感情」は、「ワレ」意識の芽生えとその発達により、「自己意識」化が可能な感情として発達していくものと考えられる[4]。成長と共に形成される「ワレ」意識は、人称代名詞の習得と結びついている。それゆえに、人称代名詞の習得過程で生じている「自己感情」は、個人にとってより具体的なものとなる。

クーリーの示す「ワレ」意識とは、他者を含んだ「ワレワレ」あっての「ワレ」意識である（Cooley, 1909：6＝1970：11）。たとえば、子どもが「あなたのお名前は？」と聞かれて、「私の名前は○○です」と答える。それは、彼、彼女が「私」(I) と「あなた」(you) とは、別の存在のものとして区別できたことを意味する。クーリーによると「私」と「あなた」といったように、自分と他者との区別ができることは、「ワレ」意識が芽生えたこととされる。たとえば、保育園児が先生を指さし「先生」と言い、自分を指さし「○○（自分の名前）」を伝えたとする。保育園児はここにおいて、「私」と「あなた」（「先生」）が別

の存在であることをわかっているといえるのである。

　さらに人称代名詞とは、身体的なものを意味するのではなく、他者との相互作用とコミュニケーションでの行為や自己主張する感情を伝える社会的手段（Cooley, 1908：232）でもある。つまり、人称代名詞の習得により芽生えた「ワレ」意識は、必然的に他者を含んだ「ワレワレ」意識となる。このように形成される「ワレ」意識は、「自己感情」を自己意識的「自己感情」へ発達させていくものと考えられる。クーリーの見解では、「自己感情」と自己意識的「自己感情」との区別は行われてはいない。しかし、彼は「自己感情」が単なる無意識による感情ではないとする（Cooley, 1902：184）。

　彼は、子どもの観察を通して「自己感情」を発見したが、そこでの「自己感情」は「ワレ」意識が芽生えていない段階であるがゆえに、その意識化は不可能なものとしてとらえられている。他方、「鏡に映った自我」概念の「自己感情」は、他者の自己に対する認識と評価とそこから生じる「自己感情」である。それは意識化された感情ということになる。このように「ワレ」意識の有無で「自己感情」を考察するならば、「ワレ」意識が芽生える以前の「自己感情」と「ワレ」意識が芽生えた後の「自己感情」とに分類できる。前者が「自己感情」であり、後者が自己意識的「自己感情」ということになる。

　クーリーの「自己感情」は、「鏡に映った自我」概念のみで解釈されるべきものではない[5]。彼は「鏡に映った自我」概念で、単なる他者に映し出された反応よりも、他者に映し出された反応を他者のマインドに立ち返り、そこを想像することから生じる「自己感情」に自己を求めた。クーリーの考える健全な自己とは、共感により左右され、養われる基盤、私的な決意や感情に精力的で柔軟でなければならない（Cooley, 1902：189）ものであった。

　「自己感情」は他者あっての感情であるという意味で社会性を有している。さらに他者の認識と評価からなる自己意識的「自己感情」は、「他者とのさまざまな関係についての意識などと結びついて発生する」（Cooley, 1909：7＝1970：10）感情と考えられる。他者とのコミュニケーションで、他者が自分をどのように認識し評価しているかを「想像」することで感じるプライドや屈辱などと

いった「自己感情」は、自律的な自己の表出である。ここで「自己感情」は、すべての他者が該当するわけではない。ここでの他者とは、親密性を有する個別的な「意味のある他者」である（Franks & Gecas：1992, 小川, 2006：497-502）。ひとは、個別的な「意味のある他者」とのコミュニケーションで生じる「自己感情」であるがゆえに、その意識化を通じて新たな自己発見や自己の再認識を可能にしていく。

G.ジェイコブス（Glenn Jacobs）によると、クーリーが自己を「自己感情」に求めたものは、内省的プロセス（reflective process）を伴う感情を根拠にしたからである（Jacobs, 2006：69）。この見解をふまえクーリーの「自己感情」を再考すると、「自己感情」は自己意識的「自己感情」と解釈できる。

自己意識的「自己感情」とは、「自分自身に対して指示を行う過程」(Blumer, 1969＝1991：17) である「自己との相互作用」(self-interaction) から可能となる感情である。ひとは、自分自身と相互作用する生命体として人間を認識する（Blumer, 1969＝1991：17)。それは、自分自身を励ましたり、自分に腹を立てたりなど、自身の行為を生み出すために自分自身に話しかけるという相互作用である。

ひとは「自分自身との相互作用」で、自分が行為するために扱わなくてはならないものごとを認識し、解釈し、評価していく。そして自己との相互作用を通して、自分が何を求め、自分に何が求められているかを認識し、目標を設定し、状況の可能性を判定し、自分の行為をあらかじめ計算しながら自分の行為を構成していくのである（Blumer, 1969＝1991：70)。

クーリーが社会的自我としている「自己感情」は、自己の不安定感、低評価、誠実感、不誠実感によって、それまでとらえられてきた自己のあり方と異なるものである。そこで「自己との相互作用」を実践し「自己感情」を再考するならば、ひとは他者との相互作用やコミュニケーションで生じる「自己感情」を「自己との相互作用」で意識し認識することが可能となる。

ひとは相互作用により、自分自身を再確認し、新たな自分自身を発見していくのではないだろうか。それまでの自己と対立するいま・ここの「自己感情」は、自律的な自己の表れである。それゆえに、自律的で主体的な自我を形成す

るものといえる。

　われわれは、他者がいなければ自我の形成、変化、変容もない。しかし常に他者の顔色ばかり窺っていては、受身的な自我を形成してしまう可能性がある。それゆえに「自分探し」、「私探し」、自己啓発本などが、世の中に存在しているのである。そこで現代人に必要なものは、「感じなければならない感情」から疎外されている私的領域での感情を意識化することである。その手がかりとなる感情が、「自然な」自己感情である。「自然な」自己感情とは、クーリーが社会的自我とした「自己感情」と自己意識的「自己感情」である。彼のいう「自己感情」とは、すべての他者に対して抱かれる感情ではない。そこでの他者とのつながりには「親密性」が有されている。それは、自分にとっての「意味のある他者」である。

　「自己感情」は、日常経験の世界で経験する感情である。それゆえに「自己感情」は、自分たちの生活や他者の生活に見出している経験的世界に立脚した感情（Blumer, 1969＝1991：45）といえよう。現代人は、「親密性」を有する個別的な「意味のある他者」との関係で自律的な自己のサインとなる「自己感情」を見落としてはならない。「自己感情」と自己意識的「自己感情」は、「感じなければならない」感情を強いられる現状において、「私」の存在の再発見をもたらす感情となる。ひとは、自己意識的「自己感情」を認識することで、自分と他者との関係における自分自身を位置づけ、自分が何を欲し、何を他者に期待し、どのように他者を認識しているかについて知ることができる。それは、自分にとって社会的要因をもった新たに理解される現実となり、新たな自己発見につながる「社会的自我」の形成である。

[注]
1) Social self とは、訳語で「社会的自我」、「社会的自己」と訳される。本節では、「社会的自我」と表する。また「Self」については、「自己」と表記する。
2) 彼が「ワレ」を「ワレワレ」の根拠にする理由には、彼の子どもの観察があったからである。「ワレ」意識とは、彼の観察によると成長がある程度進んだ約2歳頃の幼児に見ら

れるものである。ここでの観察とは、子どもが人称代名詞をどのように習得していくのか、それらの言葉によって何を意味しているのかについて興味をもち、重要な課題と考えた彼が、1883年から自分の子どもを対象に（Rutger Horton, Margaret Horton, Mary Ellizabeth）行った観察である。彼は、3人目の子どもであるエリザベスの観察記録を"A Study of Early Use of Self Words by Child"（1908）に発表している。
3) 本書ではクーリーの「第一次集団」には言及していない。しかし「第一次集団」論は、社会学では有名な理論のひとつである。本理論は、『社会組織論』（1909）で詳細に展開されている。
4) クーリーにおける意識概念には、私が自分について考える「自己意識」、私が他者について考える「社会意識」、コミュニケーションをしているグループにおいて組織化されたものとしての「社会意識」についての集合的な見解である「公的意識」（public consciousness）が存在する（Cooley, 1909：12＝1970：14）。「公的意識」は世論（public opinion）とされるものであり、明確に意識されたマインドの集合状態を意味する。「公的意識」は、他者とのコミュニケーションが親密になればなるほど、生活における結びつきも完全で徹底的なものとなる（Cooley, 1909：10＝1970：13）。「公的意識」は、各個人が他者について考える意識である「社会意識」といった意味で、「社会意識」に含まれる意識であり、「社会意識」が集まった意識ととらえられる。
5) 個人と社会とを一元的に考えるクーリーは、著書『人間性と社会秩序』（1902）では、個人に焦点を絞り、人間の社会性の中に存在する社会を考えた。それはマインドに描かれる社会である。次いで『社会組織論』（1909）では、焦点を社会に移し、社会組織の相互作用の多様化および拡大について考察している。そして、『社会過程論』（1918）では、社会過程の重要な側面の問題と、長年考えていた事柄を社会と社会生活の見解から明らかにしている。クーリーは、この3部作でまず社会における個人の様相を描き、次いで個人が生きる社会がどのような形態、様相であるかについて描き、それが絶え間なく続く相互作用のつながりであることを展開している。クーリーの自我論は「鏡に映った自我」の概念の考察と同一視されてきているが、この一側面をとらえただけでは彼の思想の真意はみえてこない。

［引用・参考文献］

Blumer, H., 1969, *Symbolic Interactionism*, Prentice-Hall.（＝1991, 後藤将之訳『シンボリック相互作用論』勁草書房.）
Cooley, C.H., 1902, *Human Nature and the Social Order*, Schocken Books.
―――, 1908, "A Study of the Early Use of Self-Words by Child," *The Psychological*

Review, 6：339-57.

―――, 1909, *Social Organization*, Schocken Books.（=1970，大橋幸，菊池美代志訳『社会組織論』青木書店．）

―――, 1929, "The Development of Sociology at Michigan," Robert Angell ed., *Sociological Theory and Social Research: Being Selected Papers of Charles Horton Cooley*, New York: Holt.

Coser, L.A., 1978, *A History of Sociological Analysis*.（=1981，磯部卓三訳『アメリカ社会学の形成』アカデミア出版会．）

船津衛，2012，『社会的自我論の現代的展開』東信堂．

Franks, D.D. and V. Gecas, 1992, "Autonomy and Conformity in Cooley's Self-Theory," *Symbolic Interaction*, 15(1)：49-68.

James, W., 1892, *Psychology*, Henry Holt.（=1992，今田寛訳『心理学』岩波書店．）

Jacobs, G., 2006, *Charles Horton Cooley Imagining Social Reality*, University of Massachusetts Press.

Mead, G.H., 1930, "Cooley's Contribution to American Social Thought," *A.J.S*, 35：693-706.

―――, 1934, *Mind, Self and Society*.（=1973，稲葉三千男ほか訳『精神・自我・社会』青木書店．）

小川祐喜子，2006，「自己感情」船津衛編『感情社会学の展開』北樹出版，67-76．

―――，2008，「『自己感情』と自己意識的『自己感情』」『白山社会学会15号』白山社会学会．

―――，2010，「C.H.クーリーの社会学の特質」『白山社会学会17号』白山社会学会．

Schubert, H.J., 1998, *On Self and Social Organization*, The University of Chicago Press.

ブックガイド

船津衛編，2006，『感情社会学の展開』北樹出版．：本書籍は、感情をあらゆる視点から学ぶことができる1冊である。感情とは生得的なものと理解されがちであるが、新たな感情の見方を学ばせてくれるものである。

Hochschild, A. R.,1983, *The Managed Heart: Commercialization of Human Feeling*, University of California.（=2000，石川准，室伏亜紀訳『管理される心――感情が商品になるとき』世界思想社．）：本書籍は、「感情社会学」を学ぶには基本となる1冊である。現在の日本社会において感情をコントロールするという考えは、目新しいことではない。本書籍は、「なぜ、感情をコントロールしなければならないのか」、「なぜ、感情をコントロールしているのか」についての見解を導き出す一助となるものである。

■ 3．社会的自我・役割・意味：G.H.ミード ■

3-1．G.H.ミードと社会的自我

　哲学者であり社会心理学者であったジョージ・ハーバード・ミード[1]（George Herbert Mead 1863-1931）は、クーリーと同じく自我の社会性を主張する一人である。自我の発生過程とは、集団内での個々人の相互作用を含んだものであり、集団が存在する以前から存在していたものも含む社会過程とされる（Mead, 1934＝1973：176）。それは、他者の「役割取得」（role taking）を通して社会的に形成されるもの（船津，1989：7）であり、「意味のあるシンボル」（significant symbol）を通じて他者の態度や期待を取得することで社会的に形成される自我である。さらに他者の態度や期待を知ることで、自己を内省し、その内省過程において新しい世界を生み出す人間の主体性が現れてくるもの（船津，1989：50）[2]と考える。では自我の社会性と主体性の双方から自我論を展開したミードとはどのような人物だったのだろうか。

　ミードは、20世紀初頭にアメリカで活躍した、プラグマティズムの哲学者であり社会心理学者であった。彼の家庭は宗教色が強かったため、彼はその考えに反発し、オバーリン大学卒業後、中学教師、中央鉄道の測量士、家庭教師と職を転々としていた。しかしこのような生活に不安を感じたミードは、1887年にハーバード大学に編入、そこで観念論哲学者であるJ.ロイスに出会うことになる。ロイスの考えとは、個人の意志や自由を重視するもので、それらはコミュニティとのかかわりによって形成されるとする。ミードは、このようなロイスの考えに共鳴していくことになるが、彼の考えのみではコミュニティが固定的な色彩を帯びて、個人的要因が取り扱えないと考えた。そこで次に彼が関心を抱いたものが生理学的心理学であった。彼はハーバード大学卒業後にドイツのライプツィヒ大学に留学、W.ヴントの生理学的心理学を学ぶこととなる。けれども語学不足も影響し、生理学的心理学について十分な理解を得ることができず帰国し、その後1891年にはミシガン大学の哲学・心理学講師のポストに就いた。そしてここで哲学者であるJ.デューイと出会い、彼との共同研究などを通して機

能主義心理学に強い関心を示していく。その後1894年には、デューイと共にシカゴ大学哲学科に在職、1931年68歳で亡くなるまで生涯シカゴ大学で過ごした。

彼が生きた1910年代のシカゴとは、食肉産業、鉄鋼業、鉄道を中心とした産業の発達で、急速に発達しメトロポリスとなっていた。そのため、人種の対立、犯罪の発生、スラムの出現、労使の対立など問題が多発しており、シカゴでの生活が、ミードの社会学理論に大きな影響を与えることになる。彼は自分の生きた社会から、ひととひととが対立し、犯罪が多発する社会とは、「どのような社会なのか」、「そこでのひととひととはどのようなものなのか」といったことを問い、多くの社会学概念を導き出した。そこにみられる彼の社会学概念のひとつが、内的なものを重視し、さらに社会性と主体性を有した社会的自我である。

3-2.「プレイ」時期 「ゲーム」時期：一般化された他者と役割取得

ミードの考える自我とは、他者とのコミュニケーションや相互作用によって形成される社会性を有した社会的自我 (social self) を意味する。たとえば、男性、女性、父、母、長男、長女、先生、学生、アルバイト店員、サークルの部長等が、社会的自我を表した一部である。ミードは子どもの幼児期のプロセスから、その社会的自我の形成を明らかにしている。

子どもは、親、先生、店員、医者などの役割を演じることによって、その社会における役割を学んでいる。たとえば、子どもが母親の模倣をしてご飯を作るマネをすることは、「母親とはご飯を作る人だ」という役割を取得していることになる。この時期がミードの「プレイ」時期である。子どもは、親、先生などのマネをする「ごっこ遊び」を通して、その社会における「役割」を獲得している。ミードによると、「ごっこ遊び」を通した「役割取得」プロセスは、「子どもが自分自身の社会的行為に対する反応を自分自身のうちに持続的に引き起こしている」(Mead, 1924-1925＝1991c：59) から可能となる。そして子どもがその社会における役割を模倣できるということは、「模倣されたといわれる行為が適切な刺激によって個人のうちに引き起こされる」(Mead, 1924-1925＝1991c：60) からである。このように子どもは、自分自身に引き起こされる反応

と同じく、他者にも引き起こされる反応としての「ごっこ遊び」を通して、自分が所属する社会の役割を演じることが可能となる。

次いで子どもたちが経験する段階が「ゲーム」時期である。「ゲーム」時期とは、鬼ごっこやかくれんぼ、野球やサッカーといった定められた手続きやルールがあるゲームを通して、そのゲームに存在する多様な役割を取得し、さらにその役割に基づいて自分の行為を律していかなければならない時期である。

子どもはゲームを通して、各役割に応じた期待があることを取得する。たとえば、われわれは病院に行ったとき、診察してくれるひとは医者であり、医者のフォローをするひとが看護師であるということを知っている。決して看護師に診察してもらおうとは思わない。ここで明らかなことは、医者に対しては医者への期待があり、看護師に対しては看護師への期待があることである。われわれは社会にあるこのような「役割期待」について、野球やサッカーといったゲームを通して学習し取得しているといえる。「プレイ」時期と「ゲーム」時期の相違は、「ゲーム」時期の子どもはゲームに参加しているすべての子どもの態度を考慮しなければならないことである（Mead, 1934＝1973：165）。

そして子どもは、「プレイ」時期と「ゲーム」時期での「役割取得」を通して、その社会にある「一般化された他者」（generalized other）の期待をまとめあげ、組織化していくのである。われわれは「一般化された他者」の期待をまとめあげていくことによって、十全な自我を形成することが可能となる。「一般化された他者」とは、「自我の統一をあたえる組織化された共同体もしくは社会集団」（Mead, 1934＝1973：166）である。そして「一般化された他者」の態度は全共同体の態度でもある。「プレイ」時期、「ゲーム」時期を経て、「一般化された他者」を習得し、理解し、われわれは社会的自我を形成していく。それはその社会にある役割を取得することであり、その役割には「役割期待」があり、「役割期待」に応えることで、その社会の一員として生きていけるのである。

たとえば日本社会において、夫が外で働き、妻が夫から扶養され、家事、育児をすることに誰も疑問を抱いていない。むしろそれが日本社会において普遍的なこととされている。他方、妻が外で働き、夫が妻から扶養され、家事、育

児することについてはどうだろうか。「専業主夫」という言葉が社会で浸透してきてはいるものの、多くのひとがこのケースに納得はしないはずである。ではなぜ多くのひとが、「専業主夫」のケースに納得しないのだろうか。これまでのミードの社会学概念を使用してこのケースを考えると、日本社会では多くのひとが、「専業主夫」を「一般化された他者」として認識していないからにすぎない。「一般化された他者」として認識されていないことは、多くの人びとにおいて「専業主夫」の「役割取得」も「役割期待」もなされていないことを意味する。したがって「専業主夫」は、日本社会において認知されてはいるが、受け入れられていない。

さらに「専業主夫」が多くの人びとにとって「役割取得」できないのは、「専業主夫」という言語が「専業主婦」と同様の意味[3]を有する「意味のあるシンボル」(significant symbol) として働いていないからである。すなわち多くの人びとにとって「専業主夫」という言語が、妻に扶養され、家事、育児を行う夫であり、社会的に肯定される夫としての共有の意味世界が人びとのあいだに構成されていないからである。

3-3. 意味のあるシンボルと共有の意味世界

日本人のわれわれは、日常、日本語という共通言語を通して他者とコミュニケーションを行っている。では共通の言語を話せるという理由のみで、われわれは相互理解が達成できているのだろうか。日常生活で他者は、「理解している」、「理解されている」ことを前提に話を進める。実際には、「理解できない」、「理解されない」で話が進んでいく。皆さんも、このように他者に自分の意図が伝わっていない、どうしても他者に自分の意図が伝えられていないと感じた経験はないだろうか。

しかしミードの「意味のあるシンボル」から、自己と他者との相互理解を考えると「理解できない」、「理解されていない」ということに対しての理解が可能となってくる。ミードの見解から相互理解を考えるならば、ひととひととがコミュニケーションを行い互いが「理解できている」ということは、共有の意

味を有しているからである。それを可能にしているものが、「意味のあるシンボル」である。

「意味のあるシンボル」とは、発信するものと受信するものとの間で共通の意味が共有されることである。それゆえに相互理解が可能となる。われわれは、自分が他者に音声を発するとき、他者に聞かれるだけではなく自分自身もその音声を聞いている。すなわち自分の発した音声とは、他者と自分の両方の耳に入っている。

たとえば教室で先生が「後ろのドアを閉めて下さい」という音声を発したとする。このとき教室にいた学生の一人が「ドアを閉める」という行為をしたとする。これは、先生と学生との間に「ドアを閉めて下さい」という言語に対する共有の意味が有されていたからである。それは「ドアを閉めて下さい」という言語が、先生と学生との間において「意味のあるシンボル」となり、双方に同一の反応が引き起こされたからである。そして、これは相互理解のあるコミュニケーションが達成されたことでもある。

ミードによると身振りが「意味のあるシンボル」となる場合は、次のような場合である。「身振りがそれをなしつつある個人に、それがむけられている他の個人にはっきりとした反応をひきおこした、あるいはひきおこすと考えられたとまったく同じ反応を暗黙のうちにひきおこしたときである」(Mead, 1934＝1973：52)。すなわち他者に「外的」に引き起こす反応と、自己に「内的」に引き起こす反応が同一である（船津，1989：45）。

けれども船津によると、「意味のあるシンボル」が自己のうちに引き起こされる反応は外的行動というよりも内的なものであり、他者において必ずしも「意味のあるシンボル」が常に外的な行動を引き起こすとは限らない（船津，1989：45）。

先の例でいうと先生の「ドアを閉めて下さい」という発言に対して、学生は受け手となっている。この場合、「ドアを閉める」、「ドアを閉めない」双方の可能性がある。なぜならば「ドアを閉めて下さい」という発言に対して、そこには学生の解釈、選択、修正、変更、再構成が存在するからである。すなわち

3．社会的自我・役割・意味　　67

「意味のあるシンボル」は、ストレートにすべてのひとに刺激―反応として、直接に伝わり、受け手の外的行為として引き起こされるものではないということになる。

「意味のあるシンボル」によって、送り手と受け手に同一の反応が引き起こされるということは、送り手の「内的反応」と受け手の「外的反応」のみが同一ではなく、「送り手」の「内的反応」と受け手の「内的反応」およびそこから引き起こされる「外的反応」が同一でなければならない。すなわち「意味のあるシンボル」は、「外的反応」に直接かかわっているのではなく、受け手の内的な行為に直接かかわり、「内的反応」となり、結果「外的反応」として引き起こされることになる。

このようなプロセスによって送り手と受け手の間には、「意味のあるシンボル」によって同一の反応が引き起こされる。このことは、送り手と受け手（自己と他者）において、同一の意味がもたれたことになる。それは自己と他者との間に共有の意味世界が構成されたことでもある。ひとは、共有の意味世界を有したコミュニケーションによって、コミュニケーションが達成できた、コミュニケーションが達成されていると感じる。多くのひとが普遍的なものとしているがゆえに気づいていないが、この世界こそが自己と他者において、理解し、理解されたコミュニケーションということになる。

たとえば、最近の若者はコミュニケーション力が低下しているなどの発言をよく聞くが、若者のコミュニケーション力は低下しているのだろうか。ミードの「意味のあるシンボル」を使用しこの状況を考えるならば、若者のコミュニケーション力が低下しているのではなく、若者と若者批判するものとの間に共有の意味世界が構成されておらず、結果「意味のあるシンボル」を有したコミュニケーションが実践されていないにすぎない。

そしてよく「コミュニケーション力」が必要と言われているが、そもそも「コミュニケーション力」とはどのような「力」なのだろうか。現代の日本社会において自己と他者との間により良いコミュニケーションを行うために必要なことは、自己と他者との間に共有の意味世界を構成することである。なぜな

らば共有の意味世界を有しているコミュニケーションでは、「意味のあるシンボル」によって同一の反応が互いに引き起こされるため、一方が他方を批判することがないからである。では自己と他者との間に共有の意味世界が構成できるということは、どのようにして可能となるのだろうか。それは自己のもつ「主我」と「客我」とのコミュニケーションによって可能となっていく。

3-4. 主我と客我による自我の創造性

　ミードによると、「自我は、意識のうちに、『主我』(I) として現れることができない。自我は、常に、対象 (object) としてすなわち、『客我』(me) として現れる」(Mead, 1913＝1991a：1)。このことを前提にミードは、「主我」[4]と「客我」から自我をとらえる。彼によると、対象があるところには、必ず主体が存在する。ここでの対象（客体）とは「客我」のことであり、主体とは「主我」のことである。したがって、「客我」とは「主我」なしには考えられないことになる。

　さらに「主我」とは、意識経験の前提条件であり、意識経験が表現されたものではない。ミードによると、「主我」とは表現された瞬間に目的格 (object case) となるため、観察する「主我」がそこに考えられていることになる。そしてここでの「主我」とは対象としての「客我」をもつような主体でなくなることによってはじめて、自己の姿を現しうるもの (Mead 1913＝1991a：1-2) とされる。ミードの自我とは、内省によって明らかにされ、さらに事実分析がなされるような特性をもつ。ここでの事実分析とは、記憶の過程で、見るものと見られるものの両方が現れるような、自分自身を見るという態度が存在していることである (Mead 1913＝1991a：2)。

　それは、われわれが何かについて「どうしよう」と考えたり、「あのようにすれば良かった」などと後悔したりすることである。たとえば翌日に就職の面接を控えているひとならば、「明日の面接では、会社に入ってやりたいことをしっかり伝えよう」と考えたりすることである。他方、面接が終わった後に「もっと自己アピールをするべきだった」と後悔することである。ここで翌日の面接について「考えたり」、面接について「後悔する」ことは、「主我」が

3．社会的自我・役割・意味　　69

「客我」としての主体ではなく、観察される主体となっている。それは自分が経験したことでしか表現されないものであり、また他者に対して行った質問や忠告、承認などと同じような仕方で思い起されるものである。

ここでの「主我」とは、表現された主体であり、表現されることによって対象となった主体である。それは過ぎ去った経験としての主体であるため、自分自身が話しかける「客我」とは区別されるものである。ここでの「主我」とは、「自分自身に対して働きかける自我についての記憶のイメージである」。さらにそれは「他者に対して働きかける自我と同じものである」(Mead, 1913=1991a：3)

ミードによると、「主我」が話しかけたり、観察したりする「客我」を構成する素材となるものは、「主我」の働きかけによるものである。したがって「主我」が話せば「客我」が聞く。「主我」が一撃を加えれば「客我」は反応する。すなわち、ひとは自分自身と社会的行為を行っていることになる。そして自分自身との社会的行為になるのは、他者との社会的行為によって影響を受ける場合のみである。

ミードによれば、記憶の中で表現される「主我」と「客我」の相違点は、「開始された社会的行為についての記憶イメージと、その行為に対する感覚的反応についての記憶イメージの違い」(Mead, 1913=1991a：4) である。「客我」は、外的な側面と内省的な側面との2側面を有している。外的な側面とは、他者に働きかけている自我でありまわりの対象を直接的に意識する。それは、自我が記憶によって働きかける自我と働きかける他者を復元する側面でもある。他方、内省的な側面とは、ミードが「内省的自我」(reflective self) とする自我である (Mead, 1913=1991a：7)。それは、他者に対する働きかけと同じく自分自身にも働きかける「主我」との社会の行為といえる。

この社会的行為によって自我は、新しく形成されることになる。ミードは、自我の再構成が自我の特性としている。彼によると、われわれが習慣の組織としている自我は、自己意識的なものではなく「性格 (character)」とよんでいるものである。この性格は、重要な問題が発生すると、組織に不都合が生じ対立しあうようになり、内省的思考において現れてくるようになる。それはある意味で、

古い自我が解体していることであり、新しい自我が現れてくることである。

　ミードにおいて、新しい対象に古い自我をそのまま委ねてしまうことは、感情的な反応と古い自我を結びつける領域へと向かわせる。それは、他者の目的を主観的にとらえ、利己的な事柄を導いてしまう。新しい自我とは、新しい状況が実現し、受け入れられることによってはじめて意識となり、新たな自我として現れてくるようになる（Mead, 1913＝1991a：12-13）。それは新しい自我が創造されることである。

　自我とは、「『人間が』誕生したとたんにすでにあるものではなく、社会的経験や活動の過程で生じるもの、すなわちその過程の全体およびその過程にふくまれている他の個人たちとの関係形成の結果としてある個人の中で発達するものである」（Mead, 1934＝1973：146）。

　われわれは、「私」という自我を有している。しかしそれは、生得的に形成されているものではない。「私はおとなしい性格だ」、「私はお人よしの性格だ」。われわれが性格とするところは、ミードにおいて自己意識的なものではない。しかし変化しないものでもない。幼少期におとなしかったひとが、成人になってからリーダー的存在になるケースは、よくあることである。それは性格が変わったのではなく、「主我」と「客我」との社会的行為および「主我」と「主我」との社会的行為によって、新たなものが創造されたことになる。多くのひとはそれを「性格」としているが、「性格」ではなく「主我」と「客我」の相互作用によって形成された社会的自我である。

　　［注］
1) ミードは、生前に書評などまで含めて70編の論文類を発表しただけである。そこには著作はなく、彼の死後に弟子たちが草稿や講義ノートをもとに4冊の遺著を公刊している（稲葉訳, 1973：352）。彼の書籍として有名な『精神・自我・社会』は、1934年に弟子のC.W.モリスによってシカゴ大学出版部から出版されたものである。
2) 自我の社会性と自我の主体性の双方を含んだ自我の社会性を展開するミードの考えは、初期、中期、後期によってその関心が異なっている。船津によると、初期のミードは主に人間の主体性の問題を取り扱い、中期では自我の社会性が主に問題とされている。そして

後期においては、自我の社会性の拡大が主要なテーマとなっていたとされている（船津，1989：63）。
3）すなわち日本社会において「専業主婦」は夫から扶養され、家事、育児を行っていれば社会において認められた存在であること。「専業主夫」も夫と妻の役割が逆転したにすぎないにもかかわらず、夫が家事、育児を行い妻に扶養されることに対して社会が認めていない（認められていない）風潮になること。
4）ミードは「主我」概念についてそれほど明確にしていないのである。この点については、後の研究者により「本能・衝動説」、「残余説」、「創発的内省性説」といった議論が提示されている（船津，1989：10-11，2000：70）。「本能・衝動説」とは、社会的束縛の機能を果たすのは「客我」であるということから「主我」を本能や衝動であると考えること。「残余説」とは、「主我」は「客我」以外のもの、つまり人間の個性、個人差、特殊性、プライバシー、主観、逸脱、異常、主体性を表すもの。「創発的内省性」とは、他の人間の目を通じて客観的に自分の内側を振り返ることによって、そこに何か新たなものが創発されてくることを表すことである（船津，2000：68-70）。本節では最後の「創発的内省説」として「主我」を解釈している。

[引用・参考文献]

船津衛，1983，『自我の社会学理論』恒星社厚生閣．
─────，1989，『ミード自我論の研究』恒星社厚生閣．
─────，2000，『ジョージ・H・ミード──社会的自我論の展開』東信堂．
Mead, G.H., 1913, "The Social Self," *Journal of Philosophy*, 19：157-163.（＝1991a，船津衛・徳川直人訳「社会的自我」『社会的自我』恒星社厚生閣，1-14．）
─────，1922, "A Behavioristic Account of the Signification Symbol," *Journal of Philosophy*, 19：157-163.（＝1991b，船津衛・徳川直人訳「意味のあるシンボルについての行動主義的説明」『社会的自我』恒星社厚生閣，15-28．）
─────，1924-25, "The Genesis of the Self and Social Control," *International Journal of Ethics*, 35：251-277.（＝1991c，船津衛・徳川直人訳「自我の発生と社会的コントロール」『社会的自我』恒星社厚生閣，29-74．）
─────，1934, *Mind, Self and Society*.（＝1973，稲葉三千男他訳『精神・自我・社会』青木書店．）

ブックガイド

船津衛，2000，『ジョージ・H・ミード──社会的自我論の展開』（シリーズ世界の社会学・

日本の社会学).：本書は、G.H.ミードを知るには、とてもわかりやすい1冊である。また現代社会をミードの社会学概念を使用して考えるうえでも最適なひとつである。

船津衛，2010，『コミュニケーション入門　改訂版』有斐閣アルマ．：本書は、人びとが普遍としているコミュニケーションをわかりやすく説明している、コミュニケーションの入門書である。本書で展開されているミードの社会学概念からのコミュニケーション論は、コミュニケーションについての新たな見解を導き出してくれるものである。

4．意味の世界・日常生活におけるシンボリック相互作用論の世界：H.ブルーマー

4-1．日常生活における意味

　ここまでジンメル、クーリー、ミードからその相互作用内容、相互作用による自我形成についてみてきた。われわれは、日常生活であたりまえのようにコミュニケーションを行っている。それは、家族、兄弟姉妹、友人、ゼミ仲間、恋人といったあらゆる他者と行っている日常行為である。日頃あなたが家族や友人などと行っているコミュニケーションは、相互に「理解している」ことと「理解されている」ことが達成できているものだろうか。前述のミードのところでは、「意味のあるシンボル」によって「理解している」、「理解されている」についてみてきた。次にここでは、ミードの社会学理論やシカゴ学派の伝統を引き継いでいるハーバート・ジョージ・ブルーマー（Herbert George Blumer 1900-1987）の「シンボリック相互作用論」（symbolic interaction）[1]から、日常生活におけるコミュニケーションをみていく。

　「シンボリック相互作用論」を理解し、改めて自分たちの日常生活のコミュニケーションを再考すると、われわれが日頃他者とのコミュニケーションを理解せず、理解されずに実践していることが明らかとなる。われわれは、家族だから、友人だから、恋人だから、「理解している」、「理解されている」という解釈でコミュニケーションを行っている。しかしそれが自己の「解釈」によるものであり、認知枠組みによって異なっていることについて気づいていない。

　われわれは、日頃ある物体をとらえるときも、ある事象をとらえるときも、認知枠組みをもって理解している。たとえば、「虹は何色ですか」と質問され

たらば、あなたは何色と答えるだろうか。おそらく「7色」と答えるだろう。ではなぜ7色なのだろうか。実際には、3色や5色の虹もある。しかし多くのひとが7色と答えてしまう。それは幼少期から慣れ親しんだ絵本やTV番組などを通して虹とは7色であると解釈したにすぎない。すなわち、認知枠組みからの虹の理解である。

　認知枠組みで解釈していることは、物体だけではない。あらゆる社会事象も個人の認知枠組みによって理解されている。たとえば2015年の現在、「LINE」というコミュニケーションツールは、多くのひとにとって便利な機能として理解されているであろう。しかしひとによっては「LINE」は決して便利なコミュニケーションツールではなく、時間を拘束するツールでしかない。ここで伝えたいのは、「LINE」が良いとか便利とか、拘束するものであるということではない。「LINE」という共通のコミュニケーションツールという事象について、すべてのひとが同じ認知枠組みを形成していないという事実である。この相違は、「シンボリック相互作用論」の考えを使用してみていくと明らかとなっていく。

4-2.「ルート・イメージ」という方法

　「シンボリック相互作用論」の用語は、「人間集団とその行動とを研究するための、ある程度明確なアプローチのラベルとして使用されるようになった言葉である」(Blumer, 1969 = 1991：1)。

　ブルーマーによると、「シンボリック相互作用論」は3つの明快な前提に立脚している。第1の前提とは、「人間はものごとが自分に対して持つ意味にのっとって、そのものごとに対して行為するというもの」である。第2の前提とは、「このようなものごとの意味は、個人がその仲間と一緒に参加する社会的相互作用から、導き出され、発生する」ということである。そして第3の前提とは、「このような意味は、個人が、自分の出会ったものごとに対処する中で、その個人が用いる解釈の過程によってあつかわれたり、修正されたりする」(Blumer, 1969 = 1991：2) ことである。

4-2-1.「ルート・イメージ」 前提1

　前提1におけるものごととは、われわれが自分の世界（日常生活）の中で気にとめるあらゆるものすべてを含んでいる。たとえば物理的な対象としては、木、椅子、机などがあげられる。他者には、父母、先生、店員などがあり、他者の各種カテゴリーには、友人、家族、恋人、サークル仲間がここに該当する。制度では学校や政府などがあり、指導的理念には個人の独立や誠実さ、他者の活動には指令や要求など、状況には日常生活の出来事（電車に乗る、買い物に行く、横断歩道を渡る）などがあげられる。これらのことは、われわれが日常生活であたりまえにとらえ、考え、行為していることである。

　ブルーマーは、このことは人びとが行っている普遍的なことであるがゆえに、異論のある研究者はほとんどいないであろうことを前提に、あえてこの普遍的なことを前提に取り上げたのである。

　ではなぜ彼は、多くの研究者が普遍としていることを前提1として取り上げたのだろうか。それは、彼が生きた当時の社会科学や心理学の思考の実践では、この明快な視点が無視されるか、過小評価されていたからである。意味とは、所与されているものであり、すでに与えられているものであり、さらに人間行為に関係する要因の間の中立的な鎖の輪でしかないという解釈であった。

　心理学者が、人間の特定の形態や事例を説明しようとするとき、刺激と反応、態度、無意識の動機、知覚と認知といったように、個人の組織体制や特徴などの要因を実験などで証明する。他方、社会学者は社会的地位、文化的規定、規範と価値、社会的圧力などの要因を根拠として社会を科学的に解明しようとする。ブルーマーにおいて、心理学がものごとに対して刺激を加え反応すると考えることは、そのものごとに意味があるから反応するものであった。社会学者はある物事に規範と価値があると考える。しかしひとは、ものごとにある規範や価値をもとに行為するのではない。彼は、規範には規範の、価値には価値の、それぞれの意味があるから規範となり、価値として、その社会にあると考えたのである。「シンボリック相互作用論」の立場からすると、前提1とは、あまりに単純すぎる前提である。しかし彼があえて前提1を提示したの

は、あるものごとに対する「意味」について、科学者たちが普遍的なものととらえ、素通りしてしまっているからであった。

4-2-2.「ルート・イメージ」 前提2

「人間は、ものごとが自分に対して持つ意味にのっとって、そのものごとに対して行為する」(Blumer, 1969＝1991：4)。この前提もブルーマーにおいて「シンボリック相互作用論」を生み出すにはあまりにも単純すぎることであった。しかしこの前提を共有した別のアプローチ方法があり、彼はこのアプローチ方法と「シンボリック相互作用論」のアプローチ方法の相違を明らかにしている。それが意味の源泉について提示している前提2である。

まずブルーマーが前提としていない、ふたつの伝統的な意味の源泉についてみていこう。第1は、「意味を、その意味を持つものごとに内在的なもので、そのものごとの客観的な構成の自然的な部分をなしているものとみなす。」第2は、「意味は、ある個人にとってものごとがその意味を持つような特定の個人によって、そのものごとに心理的に付加されたものとみなされる」(Blumer, 1969＝1991：4)。

前者は、「椅子はそれ自体において明らかに椅子である」ということである。「机は机」であり、「雲は雲」であり、「窓は窓」である。意味とは客観的なものごとを観察することで、そこから取り出されれば良いものであり、意味はものごとから放射されるものであり、ものごとにある意味を認識すれば良いという考えである。われわれが、椅子を椅子として見ることができる、机を机として見ることができることと同じことであるから、ものごとの意味の生成にはどんな過程も含まれていないとするのが、前者の意味についての見解である。

後者の意味とは、心理的に付加されたもので、個人の心、精神、心理的な構成要素が表現されたものである。あるものごとの意味は、心理的なものに位置づけることができ、意味の生成過程が限定したものとなる。心理的なものに限定された解釈とは、知覚、認知、抑圧、感情の転移、観念の連合を含んだもので、ブルーマーにおいてものごとの意味とは心理的なもののみで説明できるものではない(Blumer, 1969＝1991：4-5)。

では「シンボリック相互作用論」の意味の源泉とは、どのようなものだろうか。それは上記で述べたふたつの伝統的な説明とは異なる意味の源泉である。意味とは、内在的な構成されたものから放射されるものでもなければ、個人の中の心理的な要素が一体化することで生じるものでもない。それは、人びとの相互作用の過程で生じるものである。ある個人にとって、ものごとの意味は、そのものごとに対して、他者がその個人に対して行為する、行為の様式から生じてくるものである。他者の行為が、その個人にとってのものごとを定義するように作用するのである（Blumer, 1969＝1991：5）。すなわちものごとや社会事象、行為の意味などは、ひととひととの相互作用による社会的産物であり、相互作用する人びとの定義という活動の中で、また活動によって形成されるのである。

4-2-3.「ルート・イメージ」 前提3

ものごとの意味とは、社会的相互作用の文脈の中で形成され、人びとによってその文脈から引き出されるものである。それは、単純にものごとや社会事象などから引き出された意味を適用するといった解釈ではない。ここで重要となることは「解釈」の過程である。ものごとや社会事象などから引き出された意味をそのまま適用しただけでは、「解釈」の過程が見落とされていることになり、それは「シンボリック相互作用論」の立場では批判するところである。

ブルーマーは、単に引き出された意味に「解釈」過程があると考えたり、行為の中で人間が意味を使用することで確立された意味の想起と適用があるとは考えない。彼の解釈過程とは、次のふたつのことを意味する。第1に「行為者は、それに対して自分が行為しているものごとを、自分に対して指示する」。第2に「この自分自身とのコミュニケーション過程によって、解釈は、意味をあつかうということの問題になる」（Blumer, 1969＝1991：6）。

まず第1の解釈過程とは、行為者自身が自分が行為しているものごとに対して、指示を行うことである。それは行為者が、自分自身と相互作用することである。ここでの相互作用とは、心理的要素の相互作用とは異なり、自分自身とのコミュニケーション過程にかかわっている個人としての実例であり、内在化された社会過程である。

次いで第2の解釈過程とは、行為者は、自分が置かれた状況と自分の行為の方向という見地から、意味を選択し、検討し、未決定にし、さらに再グループに分けたり、変形させたりする。このことから意味を解釈することは、確立された意味を自動的に適用することとして、認識されるべきではない。行為者自身が、行為に指針を与え、形成していく道具としての意味がその中で使用されたり改変されたりする、形成的過程として認識されるべき（Blumer, 1969＝1991：6-7）意味の解釈である。意味は、自己との相互作用（self-interaction）の過程を通して、行為の中でその役割を果たすものである。

4-2-4. 社会とルート・イメージ

以上がブルーマーにおける「シンボリック相互作用論」の「ルート・イメージ」としての前提1から前提3であった。彼がこの「ルート・イメージ」を元に社会をとらえなおそうとした理由のひとつには、「構造−機能主義」への反発があった。ブルーマーの社会学の出発点とは、「ルート・イメージ」を自らが立脚する社会・人間観として自覚的に選択・表明することである。それは、それまでの社会学がとらえていた社会とは異なる社会・人間観を描き出すものであった。

彼が「シンボリック相互作用論」を展開するまでの社会学とは、人間社会とはすでに確立されたものであり、生活秩序の形態などはすでに存在するものと考えられていた。秩序とは、さまざまな状況下で規則、価値、サンクションとして分解できるという考えが、当時の社会学で多くみられていた。しかしブルーマーはこのような見解に対して批判する。それが「シンボリック相互作用論」である。彼の立場からすると、社会とはすでに確立した秩序や合意において成立しているものではない。ひとが何らかの行為をすることは、そこに意味があるからである。ひとは対象の意味に対して、解釈しその対象の意味を変えていく。したがって、社会とは相互作用の過程であり、不断に流動的であり、変化の途中にある進行中の過程である。

たとえば、多くのひとが他者や他人の言動、行為が受け入れられない場合に、それを育った「環境」の違いという。多くのひとが、「環境」ということ

で納得し、「環境とは何なのか」について誰も問わない。

　このように「意味」を問わないということは、ブルーマーによると、彼、彼女にとってそれが「現実の世界」(world of reality) であり、それは人間経験の中にのみ存在し、「見る (see)」という形式によってのみ現れるからである。ひとはあるものごとについて、自分にのみ現れるものに対してでしか記述することはできない。なぜならば経験的世界とは、「人間がそれについて持つ像や認識の形式でしか存在できないのが当然であるという主張」(Blumer, 1969 = 1991：28) が正当だからである。

　ブルーマーは、経験的世界がひとの心像や認識との存在でしか現れないことを認めながらも、それを独我論的な立場（現実が経験的世界とは独立に、そのひとの心像や認識の中において探求する立場）から支持することはない。なぜならば、経験的世界は、われわれのもつ心像や認識に対して「語り返してくる (talk back)」からである。経験的世界は、ある事象に対して（上記の例でいうならば、自分と合わないひととの出来事）個人がもつ心像や認識に対して、挑戦し、抵抗し、屈伏することを拒むことに対して語り返してくる。これが経験的世界に対する、現実の証であるところの「頑固な性質 (obdurate character)」を与える。ブルーマーは、経験的世界における「頑固な性質」と「語り返してくる」というはたらきが、「経験的世界の存在を要求し、それを正当化する」(Blumer, 1969 = 1991：29) ところを認めている。彼は経験的世界における、「頑固な性質」を認めながらも、社会とは流動的であるがゆえに、人びとの日常世界を構成している「意味」を問う重要性を主張する。

　「意味」を問うことを知らなければ、ひとは日常のコミュニケーションについて他者を「理解している」、他者から「理解されている」などということも問えないだろう。これは「シンボリック相互作用論」が最も問題としたところであり、自明視されているがゆえに問うことができないところでもある。では、われわれはどのようにすれば、自明視された普遍的なことを問うことができるのだろうか。それは「シンボリック相互作用論」を道具として、日常世界をみていくことである。

4．意味の世界・日常生活におけるシンボリック相互作用論の世界

4-3.「シンボリック相互作用論」の具体的な方法

「シンボリック相互作用論」の方法とは、経験的世界や社会的世界を直接検討することである。それは、日常世界の経験的世界を把握することである。その方法は、「注意深く誠実な探索と、創造的だが訓練された想像力と、研究における潤沢な資源と機知と、発見しようとしているものごとの熟考と、自分自身のその領域についての見解やイメージをたえず検証し改正することを通して行われる」(Blumer, 1969=1991：50) ものである。それが「自然主義的」探求 (naturalistic investigation) とよばれるものを構成する「探査」(exploration) と「精査」(inspection) とよばれるものである。

「探査」とは、標準化された手続きが必要であり、事前に明示された限定的な手続きを行う方法と対立する方法である。「探査」を使用した方法は、柔軟性を有したものである。この柔軟性は、探究に方向性がないことではなく、研究の焦点は最初広いが、探査の進展に伴い、次第に鋭くなっていく。「探査」は柔軟な性質を有しているがゆえに、特定の技法へと固定化されるものではない。それゆえ倫理的に許されるかぎり、いかなる手続きでも使用することが可能となる (Blumer, 1969=1991：51-52)。ここには、直接の観察、面接、会話の聴取、ライフ・ヒストリーの収集など、質的なものを重視したものが含まれる。

「探査」を使用した研究の目的とは、「条件が許すかぎり包括的で正確な、研究領域についての像を、充分に描き出すことにある」(Blumer, 1969=1991：53)。それゆえに研究者が、研究領域に精通した思弁からではない、事実に基づいて語ることを可能にするものである。これがブルーマーの「探査」方法である。

他方「精査」とは、「いかなる分析上の要素であろうと、その経験内容についての、集中かつ焦点を絞った検討を、分析の目的で行うこと」。また、「これと同じ種類の検討を、そうした要素の関係が持つ経験的な性質に関しても行うということ」(Blumer, 1969=1991：55-56) である。「精査」とは、アプローチ方法や手続きの固定化された様式に結びつけられない方法である。それは経験的世界それ自体の検討を通して、分析上の要素の性質を発展させていくものであり、既存の分析上の要素から出発するものではない。それは現在も社会科学や

心理学で素描されている方法を使用して科学的探究をしていくものを、否定する方法である。

　ブルーマーによると「精査」がなければ、ある研究に対して先行するイメージや認識に囚われてしまう。それゆえに、研究者は、そのイメージや認識が適切かどうかを知ることもできない。また、それらを洗練させ改善させていく手段も手に入れることができない。したがって、研究者は、経験世界を通してのみ調査することのできない「精査」方法が必要となる。

　ブルーマーの方法論とは、量的調査や実験のようなモデル化された方法を否定するものである。なぜならば、モデル化した方法や固定化された方法とは既存のものである。それは、社会における価値や規範の考え方と同じで、価値が価値として存在する意味、規範が規範として存在する意味が問われていないこととなり、経験世界が考慮されていないことになる。相互作用から導き出せる意味を重視するブルーマーにおいて、経験的世界を知ることや社会的世界を知る方法とは、研究者と研究対象者の間の相互作用の状況に応じて見出される実践でなければならない。対象者が異なれば実践される相互作用も異なる。したがって、標準的な手続きは不要となる。彼は、方法論が標準化されていないことを不備とはとらえない。むしろ本質的なものととらえている。なぜならば、「シンボリック相互作用論」の立場からすると、経験的世界や社会的世界を理解することは、他者との相互作用の実践でしかないからである。

4-4. 日常生活におけるコミュニケーションの再考

　ここまで「シンボリック相互作用論」と「シンボリック相互作用論」を構成している「ルート・イメージ」、およびその方法についてみてきた。「シンボリック相互作用論」とは、「シンボル動物としての人間の特性を重視し、言葉を中心とするシンボルを媒介とする社会的相互作用に焦点を置き、『解釈』過程に着目して、そこから人間の積極性・主体性と社会の変化・変容を人文科学的方法でもって明らかにしようとする立場である」（船津, 1995：3）。それは、「ルート・イメージ」にほかならない。

多くの人びとは、日常世界が常にひととひととの関係からなる相互作用からなっているということを問わない。それゆえに多くのひとが、コミュニケーションが双方で成立していると錯覚しており、自分は他者から理解され、また自分も他者を理解していると思い、感じている。すなわち、ひとの発する言語やひとの行為、ものごとや社会事象についての「意味」を問うことを知らない。

　意味を問われていないであろう社会現象は、日常生活のあらゆるところにある。いつの時代も若者に対して「最近の若者は●●だ」と若者批判を行う。なぜ、若者批判を行うひとは、彼、彼女らの世界を知らず自分たちの世界で彼、彼女たちを理解し、批判するのだろうか。これは若者に対してだけではない。ひとは、あるひと、ある事象、ある言語、ある行為などに対して、自分の日常世界で構成された認知枠組みでそれらを理解し、解釈している。そこにそれぞれの「意味」があることを理解していない。当然、そこのひととひととの間に、「意味」が共有されていないのだから、双方間には「ズレ」が生じている。ひとは「ズレ」が生じていることを知らない中で、自分の世界で他者を理解し、解釈していく。それゆえに理解できない他者に対しては、否定しか行わない。むしろ否定しかできないのである。

　他者を否定する前にわれわれに必要なことは、「意味」の解釈である。われわれは、日頃相互作用によって日常世界を構成している。しかしその世界は、けっして共有の意味世界を構成しているとは限らない。われわれは、行為者を理解するとき、自分の日常世界で解釈してはいけない。この解釈は、行為者の立場に立つということ、すなわち彼・彼女らの世界の「意味」を理解し、彼・彼女らの言葉、行為を理解しなければならないのである。それが、他者理解であり、他者を理解すること、他者から自分が理解されることにつながる。「意味」を問うことの指針を与えてくれるものが、ブルーマーの「シンボリック相互作用論」であることはいうまでもない。

　　　［注］
1)「シンボリック相互作用論」という用語は、ブルーマーが、E.P.シュミット編『人間と社

会』の「社会心理学」の章で即席に使用した造語である。このアプローチを使用したり、その知的根拠に貢献した学者には、G.H.ミード、J.デューイ、W.I.トーマス、ロバート.E.パーク、W.ジェームズ、C.H.クーリー、F.ズナニエッキ、J.M.ボールドウィン、R.レッドフィールド、L.ワースが含まれている。ブルーマーによると、彼らの思想は異なっているが、人間集団を認識し、研究した一般的な方法には大きな類似性がある。そして「シンボリック相互作用論」の概念は、この一般的な類似の要素を中心として構築されたものである（Blumer, 1969＝1991：1）。

[引用・参考文献]

Blumer, H., 1969, *Symbolic Interactionism*, Prentice-Hall.（＝1991, 後藤将之訳『シンボリック相互作用論』勁草書房.）
船津衛, 1995,「シンボリック相互作用論の特質」船津衛・宝月誠編『シンボリック相互作用論の世界』恒星社厚生閣.
草柳千早, 1997,「ブルーマーとシンボリック相互作用論」那須壽『クロニクル社会学』有斐閣.
那須壽, 1995,「現代のシンボリック相互作用論者——H・ブルーマー」船津衛・宝月誠編『シンボリック相互作用論の世界』恒星社厚生閣.

ブックガイド

船津衛・宝月誠編，1995,『シンボリック相互作用論の世界』恒星社厚生閣.：本書籍は、多様なアプローチからの「シンボリック相互作用論」世界を見ていくことができるものである。また、「意味」、「シンボル」、「相互作用」など「シンボリック相互作用論」を学ぶうえでもキー概念となる用語の再検討も行われている。多様なパースペクティブから「シンボリック相互作用論」を知りたいひとにとっては、有用な1冊である。

【コラム2】ドラマトゥルギー

　E.ゴフマン（Erving Goffman 1922-1982）のドラマトゥルギー概念は、社会学概念において有名な概念のひとつである。それは彼が『行為と演技』（1959）で展開したものであり、われわれに劇場のパフォーマンスという方法論を与えてくれる。ゴフマンの関心は、日常生活において個人が「自分自身と他者に対する自己の挙動をどのように呈示するか」、「他人が自己について抱く印象を彼がどのように方向づけ、統制するのか」、「エゴが他人の前で自分のパフォーマンスを続けている間に、しても良いことは何か、して悪いことは何か」（Goffman, 1959：ⅲ」）についてである。ドラマトゥルギーを使用して日常生活をみていくと、われわれは社会から与えられた役割を演じながら日常生活をおくっていることがわかる。

　ここでは大学の講義の場をみていこう。大学の講義の場には、先生と学生の関係からみると、先生と学生の役割が存在する。他方、学生と学生の関係からみると、同級生、先輩と後輩、友人と友人、彼氏と彼女などの複数の関係が存在する。ある女子学生は、先生との関係において学生を演じている演技者である。また同性の学生との関係においては、彼女の友人を演じている演技者である。さらに男子学生との関係においては、彼の彼女を演じている演技者である。

　このようにひとは、同じ場において複数の役割を演じ、日常生活を過ごしている。われわれは、ひととひととが共に居合わせている共在の場において、常に他者／他人に気を配りながら、自分の面子を守るために演技を行っている。

　けれども共在の場における演技は、自分の面子を守るためだけに行われる行為ではない。場合によっては、他者／他人の面子を守るために実践される演技もある。たとえば、他者／他人の失敗について気づかないふりをして無関心を装う行為は、他者／他人の面子を守る行為となる。相互行為の場において、錯乱的事件が起きると、その場における相互行為が混乱してしまうことがある。すなわちその場において、秩序が守られていない相互作用の場が発生する。それは、ゴフマンのいう「対面的相互行為の小さな社会体系が崩壊することで生じるアノミー」（Goffman, 1959：14-15」）である。われわれは、このように社会体系が崩壊しないように、自分の面子ばかりでなく他者／他人の面子を守るために、その場における役割を演じている。

　けれども、ある状況においてはその場に応じた役割と、少し距離をおいた演技を行うこともある。たとえば、いつもはとても厳しい先生が講義中に冗談を言って学生を笑わす行為は、厳しい先生から少し距離をとった役割演技である。これをゴフマンは「役割距離」（role distance）という。

　ひとは、その場に応じた役割を演じることによって、共在の場における秩序を守っている。つまり、われわれが秩序を保ちながら日常生活をおくっていることは、役割を演じているが

ゆえに、達成されている秩序ともいえる。

[引用・参考文献]
Goffman, E., 1959, *The Presentation of Self in Everyday Life*, Doubleday.（＝1974, 石黒毅訳『行為と演技——日常生活における自己呈示』誠信書房.）

【コラム3】感情規則

われわれはなぜ、結婚という場において、「嬉しい」、「幸せ」と感じるのだろうか。たとえば結婚式の場において、花嫁が怒り、悲しんでいるとどうだろうか。多くのひとがその場において困惑するだろう。ではなぜ多くのひとが、困惑するのだろうか。それは結婚とは、「幸せなもの」であり、「喜ぶべきもの」であることを誰もが疑わないからである。そしてこの場における「あるべき」感情、「感じなければならない」感情とは、「嬉しい」、「幸せ」という感情である。

われわれが結婚式の場において、「嬉しい」や「幸せ」と感じる感情は、けっして生得的に有された感情ではない。それはこれまでの相互行為過程において、個人が経験してきた感情経験に基づくものである。それゆえにこれらの感情は、他者との相互行為によって、経験され、形成され、構築された社会的なものとなる。それゆえに結婚式の場において、「怒り」や「悲しみ」の感情が表出されたとき、多くのひとが困惑してしまうのである。

このように日常世界における感情をみていくと、われわれは「感じなければならない」感情を感じながら日常生活を過ごしていることがわかる。そして人びとの日常世界における感情の表出、感情の保持、感情の規則を概念化したのが、アメリカの社会学者A.R.ホックシールド（Arlie Russell Hochschild 1940- ）である。

彼女によると、われわれは「私が感じること」と「感じなければならない感情」との切実なズレに注目することによって、日常生活における「感情規則」(feeling rules) がわかる。「感情規則」とは、「感情の交換を統制する権利や義務の意識を作りあげることによって感情作業（深層演技）を導く」(Hochschild：1983＝2000：65) 感情システムである。われわれは、その社会や文化における「感情規則」に基づいて、私的領域と公的領域における感情をコントロールしている。とりわけ公的領域における「感情規則」は、「感情労働」(emotional labor) として機能する。すなわち肉体労働者が身体を酷使しながら労働を行うことと同様、「感情労働」は自分の感情をコントロールし、「感じなければならない感情」を作り労働していることとなる。

そしてここでの感情のコントロールが、「感情管理」(emotional manegement) ということになる。われわれは「感情管理」をすることによって、日常生活におけるわれわれの行為に秩序がもたらされる。ひとは、秩序が行為として表されていることで、その社会の一員として生きているのである。

[引用・参考文献]
Hochschild, A. R.,1983, *The Managed Heart: Commercialization of Human Feeling*, University of California.（＝2000，石川准，室伏亜紀訳『管理される心——感情が商品になるとき』世界思想社.）

【コラム4】ラベリング理論

　社会における「逸脱」とはいったい何であろうか。多くのひとにとって「逸脱」とは、社会の秩序を乱し、人びとの生活を不安定化させる「望ましくないもの」としてイメージされるものだろう。たとえば、社会的「逸脱」の典型例である「犯罪」などは、多くの人びとにとってなるべくなら「起こってほしくないもの」であり、またそのような行為は、法律や条例などに基づいて「処罰」もしくは事前に「予防」されるべきものとして考えられがちである。あるいは「犯罪」まではいかなくとも、青少年の「非行」や公共の場における「マナー」の欠如といったものも、多くのひとにとってそれは「逸脱」行為であり、望ましくないものと見なされている。そして、社会学においても、「犯罪」や「非行」などといった行為は、典型的な社会的「逸脱」例として認識され、またそうした立場からこれまで分析や研究が行われてきた。

　しかしながらよく考えてみると、社会的「逸脱」とは、その社会や文化、あるいは時代などによって変化するものでもある。たとえば1920年代から30年代のアメリカでは酒類の製造や飲酒が禁止されていた（「禁酒法」）。また、法律以外でも公共の場での「マナー」といったものなどは国や文化によって異なるものであり、何が「逸脱」で何が「逸脱」ではないかを判断する明確な基準というものはない（たとえば「喫煙」のマナーなど）。そのように考えるならば、むしろ「逸脱」とは、あくまでその社会における人びとの相互的な判断によって「逸脱」であるかどうかが決まるものなのである。

　「ラベリング理論」（labeling theory）は、従来の社会的規範から「逸脱」を判断するのではなく、むしろそのような「逸脱」の相互作用性を提唱することによって、社会学における「逸脱」概念を大きく変化させるものであった。ラベリング理論の提唱者であるアメリカの社会学者H.S.ベッカー（Howard Saul Becker 1928-　）は、社会的な「逸脱」というものを次のように述べている。「社会集団は、これを犯せば逸脱となるような規則をもうけ、それを特定の人びとに適用し、彼らにアウトサイダーのラベルを貼ることによって、逸脱を生み出すのである。この観点からすれば、逸脱とは人間の行為の性質ではなくして、むしろ、他者によってこの規則と制裁とが『違反者』に適用された結果なのである」（Becker 1973＝2011：8 傍点原文）。このように考えるならば、従来さまざまな要因から「逸脱者」として見なされてきた人びとは、彼らがそのような行為を働いたから「逸脱者」として見られるのではなく、むしろそれを「逸脱」だとして非難されるからこそ「逸脱者」になる。すなわち、「逸脱」とは、いわばその社会において権力的立場にある人びとによって、その行為が「逸脱」だというレッテルを貼られることによって生み出される「政治的過程」ということになるわけである（Becker 1973＝2011：16）。

　ベッカーのこのような「逸脱」の定義は、同時にこれまで「犯罪者」や「非行少年」とい

ったラベルを貼られた人びとの別の側面を明らかにするものでもあった。これまでの「逸脱」の定義からは、「なぜそのような逸脱行為をしたのか」という点が重要視され、いかにして「逸脱」行為を抑制するのかが問われるものであった。しかし、ベッカーの定義からは、いちど「逸脱者」としてラベルを貼られてしまったひとが、そのような「逸脱者」として周囲から扱われることにより、今度は自ら進んで「逸脱者」としてのアイデンティティを獲得していくこともあるという、いわば「逸脱」をめぐる相互作用のプロセスを明らかにするものでもあったのである。ベッカーはこうした観点から、たとえばマリファナ使用者やダンス・ミュージシャンといったいわゆる社会の「外部」に立たされた「アウトサイダー」とよばれる人びとの実態を鋭く描き出すことに成功した。そしてそれは、社会秩序から切り離され、社会的規範とは無関係であるものとされていた社会的「逸脱」というものが、人びとの行う相互的なやりとりによって、むしろ社会秩序の形成と維持の役割を果たしているという新しい視点をもたらすものであった。

[引用・参考文献]
Becker, H.S., 1973, *Outsiders: Studies in the Sociology of Deviance*, Free Press.（＝2011, 村上直之訳『完訳 アウトサイダーズ――ラベリング理論再考』現代人文社.）

Chapter

Marx　　Mannheim　　Berger　　Luckmann

3 知識社会学の課題
──知のあり方と社会の関係を問う──

　知識社会学とは、「知識」と「社会」との関係のあり方を問うという社会学の一分野であり、1920年代に成立したとされている。一般的に、私たちは「知識」というとなんだか難しい学術的な教養知識を思い浮かべたり、あるいはそこまでいかなくても先人の「知恵」といったような、何か特別なものとして考えてしまうかもしれない。しかし、ここでいう「知識」とは、何もそのような「難しい」ものばかりではなく、普段生活の中で私たちが知らず知らずのうちに利用しているようなさまざまな「知識」すべてが含まれる、非常に幅広い意味をもつものなのである。そして、そのようなさまざまな「知識」は、「社会」と密接に関係しており、社会の有り様によってそのような「知識」もまた大きく変化するのである。

　以下ではこのような「知識」と「社会」との関係を問うに当たり、大きく分けて3つの節で解説していくことにしたい。まずは「知識社会学」の前提条件を切り開いた人物としてK.マルクスを取り上げ、彼の思想が後の「知識社会学」にどのような影響を与えたのかを見ていく。その後、「知識社会学」を成立させた人物としてK.マンハイムを取り上げ、彼の人生と「知識社会学」の成立の関係を解説する。そして最後に「知識社会学」を日常生活の場面からとらえることを提唱したP.L.バーガーとT.ルックマンを取り上げ、現代社会における「知識」と「社会」との関係性をとりまとめていくことにしたい。

■キーワード：知識、知識社会学、知識の存在拘束性■■

■ 1.「知識社会学」とは？：K.マルクスの問題提起 ■

1-1.「知識社会学」とは？

　「知識社会学（Sociology of Knowledge）」と聞くとひとはどのような印象を受けるであろうか。「都市社会学」や「家族社会学」などに比べると、問題とする考察対象が漠然としていてあまり想像できないかもしれない。「知識」と聞くと、小難しそうな、面倒くさそうな印象を受けるひともいるだろう。でも「知識社会学」は、「都市社会学」や「家族社会学」に比べて覚えることが10倍以上あって大変といったことはないので、安心してほしい。

　「知識社会学」が、「知識」について考察を行う社会学の一分野であることは、その名称から容易に想像ができるだろう。しかし「知識」という言葉によって表現されているものは、非常に膨大かつ多義的な意味をもっている。「知識社会学」と聞いて小難しそうと思ったひとは、学校や塾などで先生から習う学術的な教養や科学的知見を思い浮かべたかもしれない。確かに知識人という言葉は、そうした「知識」をより多くもったひとたちのことを念頭にした言葉だ。

　だが私たちが「知識」とよんでいるものは、このような知見だけを指すものではない。外出するときは服を着なくてはならないとか、スーパーに陳列されている商品を手に入れるにはお金を支払わなければならないというのも「知識」のひとつである。こうした「知識」のない幼い子どもは、お金を支払う前にスーパーの商品を外に持ち出そうとして、親を慌てさせたりすることがたびたびある。また「この社会学の授業は、あと3回、休んでも大丈夫だから、カラオケでもいこうぜ」と大学生が友人を誘うとき、授業をサボるための「知識」がそこでは活用されている。同様に「君ってかっこいいよね！！」とか、「君ってかわいいよね！！」と言われた場合に、褒められているのか、馬鹿にされているのかを判断するのにも、「知識」が必要となる。そういった「知識」を活用することができなければ、言われた言葉を、ただただ額面通りに受け取ることしかできないだろう。このように「知識」は、学術的な教養や科学的知

見のみを指すのではなく、私たちが社会生活を営む中で日常的に活用する社会常識や「モノの見方」などを包括するものである。

　私たちは、このような「知識」を特に意識することなく活用して日常生活を営んでいる。そして私たちのもつさまざまな「知識」は、その背後にある「社会」のあり方に大きく左右されている。

　たとえば夏目漱石（1867-1916）の『こころ』は、明治時代が舞台の小説だ。登場人物のひとりである「先生」は、大学生のときに下宿先のお嬢さんとの婚約を彼女の母親に承諾してもらうのだが、この時点で「先生」はお嬢さんにプロポーズどころか、告白すらしていない。ふたりの関係はただの友人関係である。だがお嬢さんの母親は、「ようござんす、差し上げましょう」と婚約を承諾して、ふたりは結婚している。いまの時代に同じことをしたらどうなるであろうか。同級生の女の子のお母さんに「お嬢さんとは、ただの友人でこの話は彼女にはしていませんが、彼女との婚約をお許し願いたい」などと言ったものなら、ストーカー扱いを受けたり、「勉強のしすぎで少し疲れているのかな」と困惑されたりするだろう。同じ行動をしても、時代や文化の異なる社会であれば、異なるリアクションが返ってくる。

　こうした結婚についての「知識」というものは、時代や文化によって大きく異なる。だからこそ、明治時代が舞台の『こころ』では特段問題のない結婚に関する常識が、現代社会では非常識となってしまうのである。逆に現代社会に生きる私たちの多くによって広く共有され、自明視された「知識」も昔の人びとにとってそれは広く共有された「知識」ではないといったこともある。太平洋戦争中に「国家よりも個人のほうが大事だと思う」と発言することは、そのひとの勇気を問われる事柄であったが、現代の日本社会でそのことはあたりまえの常識と化している。

　このように私たちが日々の日常生活を営む中で活用する社会常識というべき「知識」は、その時代におけるさまざまな歴史的背景や社会的条件などによって制約を受けており、現代社会に生きる人びとも、過去の時代に生きた人びとと同様に、同時代の人びとと共有する「知識」を自明視している。そして「知

識社会学」は、この「知識」と「社会」の間にある密接な関係に着目し、そのような関係がどのような条件によって生み出されるのか、といったことを問うものである。

1-2. マルクスのイデオロギー論

「知識社会学」は20世紀前半、主に第１次世界大戦直後の1920年代のドイツにおいて成立したとされている。「知識社会学」の成立に貢献した人物としては、「知識社会学」の命名者であるドイツの哲学者マックス・シェーラー（Max Scheler 1874-1928）と、次節で論じるハンガリー出身の社会学者カール・マンハイム（Karl Mannheim 1893-1947）がよく知られている。

そしてこの「知識社会学」の創始者たちに多大な影響を与えたのが、ドイツ出身の哲学者カール・マルクス（Karl Marx 1818-1883）その人であった。シェーラーとマンハイムのふたりが、マルクスの思想を批判的に継承することで「知識社会学」の発展に寄与することができたのは、マルクスの思想が「知識」と「社会」の関係を鋭く問うものだったからである。

特にマルクスのイデオロギー論は、私たちが「知識」と「社会」の関係を問ううえで重要なアイディアを提供している。後述するようにマンハイムも、『イデオロギーとユートピア』（1929）の中で、マルクス主義に対して厳しい批判を行いながらも、マルクスが鋭いイデオロギー分析を行ったことに関しては高く評価していた。

イデオロギーとは、多義的な概念であるが、一般的には個々人や集団がもつモノの見方や世界観の体系などを指している。このようなイデオロギーの定義からは、「知識社会学」が考察対象とする「知識」と非常に親縁性のある概念のように思える。ただイデオロギーは、一般的には非合理的で偏った見方などのネガティブなニュアンスがあり、対立する相手を批判する際に用いられることが多い。

もっともこの用語をはじめて用いたフランスの哲学者デステュット・ド・トラシー（Destutt de Tracy 1754-1836）は、古い形而上学と区別する意味で、人間

の有する観念を研究する学問をイデオロギー（観念学）と名づけたのであって、そこにネガティブなニュアンスはなかった。しかしナポレオン・ボナパルト（Napoléon Bonaparte 1769-1821）が、トラシーを含むリベラル派を批判する意味を込めて「イデオローグども（夢想家たち）」とよび、彼らを、大言壮語を吐いて、実現不可能で現実から遊離した空論を叫び、人民を惑わす者たちであると批判した。このナポレオンの用法が定着してイデオロギーという用語にはネガティブなニュアンスがつきまとうようになる。

　このイデオロギーという用語を社会科学の分野で用いた著作として有名なのが、マルクスがフリードリヒ・エンゲルス（Friedrich Engels 1820-1895）と共に執筆した未完の草稿『ドイツ・イデオロギー』である[1]。マルクスは、『ドイツ・イデオロギー』の中で青年ヘーゲル派を代表するドイツの哲学者たちに痛烈な批判を加えている。マルクスは、もともと哲学の学徒であり、1841年にイェーナ大学に博士論文を提出し、学位を授与されていることからもわかるように、哲学的思考に慣れ親しんだ人物であった。またマルクスが、イギリス古典経済学、フランス社会主義と共にドイツ観念論を思想的源泉として、自らの体系を築き上げたことはよく知られている。

　しかしマルクスは、哲学はこれまで世界を解釈することだけに集中してきたが、必要なのは世界を改革していくことだと考えた。そして『ドイツ・イデオロギー』の草稿を執筆する際に、彼は、青年ヘーゲル派の哲学者たちに批判の矛先を向けている。マルクスの目に彼らは、口先ではラディカルな変革を叫んでいるものの、現実社会から解離した空想的で思弁的な議論に終始しているようにみえた。

　こうした点をマルクスは、人が水におぼれるのは重力の思想にとりつかれているせいだと思い込む男をたとえ話にして皮肉っている。マルクスによれば、この男は、重力の思想を「迷信的な観念であるとか宗教的な観念であると宣言することによって、それを頭から追放してしまえば、人間はどんな水難からもまぬがれる」（Marx&Engels [1926]2014=2000：15-6）と考え、生涯かけて重力という幻想と戦ったという。重力があるからおぼれるというのは確かなことで、

1．「知識社会学」とは？　　93

リンゴが木から落ちるのだって、重力が原因なのはニュートンだって認めるところだ。しかしその男がこころの中で「俺は絶対に重力を認めない！！　重力に屈してなるものか！！」と強く念じたところでどうにかなるわけではない。そんなことを念じるぐらいなら浮き輪でも予め準備していたほうがよっぽどマシだろう。

　この重力の観念と戦った男は、中国の著名な小説家である魯迅（1881-1936）が1921年に発表した『阿Q正伝』の主人公とよく似ている。この小説の主人公である阿Q（仮名）は、うだつのあがらない日雇農夫で、中国の小さな農村でその日暮らしの生活をしている。ケンカをふっかけてはボコボコにされて泣きをみるのだが、「わざとケンカに負けてやったのだから、このケンカは俺の勝利と考えていい」と自分に都合の良い解釈を繰り返して、惨めな現実を直視しようとしない。

　阿Qは魯迅が当時の中国社会の問題点を風刺したものだが、マルクスがドイツ社会に抱いた批判意識も、魯迅のそれと相通ずるものだった。マルクスが1845年から46年にかけて『ドイツ・イデオロギー』の草稿を執筆した当時のドイツは統一国家の樹立すらままならない状況で、政治的にも経済的にも、イギリスやフランスに遅れをとっていた。しかし哲学の分野においては、イマヌエル・カント（Immanuel Kant 1724-1804）やゲオルクW.F.ヘーゲル（Georg Wilhelm Friedrich Hegel 1770-1831）などの傑出した哲学者を輩出し、イギリスやフランスに引けを取らない業績をあげていた。マルクスからしてみれば当時のドイツ社会は、頭は現代人でも体は原始人といったところだった。頭で考えていること、言っていることは非常にスマートなのに、実際にやっていることは非常にダサい。それがドイツの現状のようにマルクスには思えた。

　マルクスが、ドイツの哲学的伝統に批判を加えたのは、彼ら哲学者がラディカルな改革を言葉のうえだけで叫ぶものの、所詮は観念をもてあそんでいるにすぎず、それが現実の社会変革に結びつかない点を問題視してのことだった。「口先ではどんなにうまいことをいって社会を痛烈に批判したとしても、実際に現実社会を変革しようとしないのならば、愚痴をこぼしているのと同じじゃ

ないか」とマルクスは憤りを感じたのかもしれない。

1-3. 史的唯物論：上部構造と下部構造

　人間の精神や意識を重要視するドイツ観念論の伝統に対峙して、マルクスが立脚する思想的立場が史的唯物論である。唯物論とは、観念論とは正反対に、精神や観念を副次的なものとみなし、自然や物質などを世界の根本原理ととらえる思想である。つまり唯物論とは、物質的なものが原因となって精神的なものが形づくられると考える思想だ。マルクスの史的唯物論は、人間社会とその歴史的な発展を物質的な側面からとらえるものである。誤解を恐れず観念論と唯物論の違いを単純化すれば、「愛こそがすべて」というのが観念論で「お金が大事だよね」というのが唯物論である。ただマルクスは、お金持ちの立場から「お金は大事だよね」と言ったわけではなく、経済的・社会的弱者の（プロレタリアート）の立場に立ったうえで経済的格差を解消するためには、歴史的原動力として人間の精神や観念ではなく物質的側面に着目しなければならないと考えたわけだ。

　このようにマルクスは、「意識が存在を規定するのではなくて存在が意識を規定する」と考え、人間の精神や観念が社会のあり方によって左右されると主張した。マルクスの見解では人間の精神や観念は階級によって方向づけられる。つまり、あらゆる観念や思考は、階級、とくに階級的利害に根ざしている、というのがマルクスの考えである。

　こうした思想的立場に立脚するマルクスは、『ドイツ・イデオロギー』において、イデオロギーを階級との関連からとらえている。ここでマルクスは、現実社会の矛盾を隠蔽する「虚偽意識」としてイデオロギーを理解している。マルクスによると「虚偽意識」は、支配階級の支配を正当化し、現実の矛盾を隠蔽する役割を担っている。そのためこの「虚偽意識」に染められている人びとは、現実社会の矛盾に気づくことができない。彼の非難するドイツの哲学者にしても、人間の精神や理念といったものが社会的に構成されていることを看過してしまっている。

後の1859年に刊行された『経済学批判』の中でマルクスは、「下部構造」が「上部構造」を方向づけるという自らの見解をまとめている。マルクスは、①「生産力」と②「生産関係」の結合によって社会の「土台」が成り立ち、これがイデオロギーから政治、法などの諸制度を方向づけていると主張する。ここで「生産力」とは人間が自然に働きかける能力や、物質的財貨を得る能力を指している。これは簡単に言えば、アルバイトをして時給900円とか、1000円とかを獲得する能力が「生産力」を意味する。これに対して「生産関係」とは、人間が生産過程において取り結ぶ社会的関係であり、生産手段の所有形態を表している。生産過程において取り結ぶ社会的関係とは、工場にアルバイトに行ったときの労働者と雇用者との雇用関係などを意味し、生産手段の所有形態とは、工場の持ち主が工場という生産手段をもっているのに対して、労働者はそうした生産手段をもっていないといったことを意味する。

　マルクスは、この「生産力」と「生産関係」の結合体である「生産様式」を「下部構造」ともよび、この「下部構造」を基盤として、その上にイデオロギーや政治、文化などの結合体である「上部構造」が形成されると考えている。また彼はこの「上部構造」と「下部構造」全体のことを「社会構成体」とよんだ。

　このようにマルクスにおいては、ひとの思想ないしイデオロギーといったものから、政治、法などの諸制度は、すべてこの「下部構造」＝「生産様式」の形態に対応して形成される。

　このようにマルクスのイデオロギー論では、支配階級の階級利害を正当化し、階級社会の矛盾を人びとの意識から覆い隠すものとしてイデオロギーは理解されている。マルクスの見解に習い穿った見方をしてみれば、バレンタインデーにチョコレートをプレゼントするという風習は、お菓子会社の資本の論理に基づくものであって、2月14日を楽しんでいるカップルは、バレンタインデーのイデオロギーに染められているために、お菓子会社を所有する資本家たちに経済的に搾取されているという事実が目に入らないと考えることもできる。

　だがもし私たちがこのように「下部構造」に基づくイデオロギーに染め上げ

られて、日々の生活を送っているとしたら、格差社会の解消などなしえる術がないように思える。しかし『経済学批判』の中でマルクスは、この唯物論的な視座を用いて過去の歴史を再解釈し、資本主義社会から共産主義社会へ必然的に移行していくことを説き明かしている。

　ここで史的唯物論の立場に立つマルクスにとって歴史とは、「下部構造」＝「生産様式」の変動過程を意味する。マルクスによれば、社会変動のメカニズムとは生産力が歴史の進展と共に上昇することで、既存の「生産関係」に矛盾が生じ、この矛盾を修正するために「生産関係」が変化し、「生産様式」が変動することである。

　歴史的にみるとこの生産様式の変動は、①「原始共産制」、②「奴隷制」、③「封建制」、④「資本主義社会」、⑤「共産主義社会」の５つの段階を経るものとマルクスは考えている。まず①の「原始共産制」は、生産手段と財は共有され、階級が分化されていない平等社会であったとされている。しかし、「生産力」の上昇によって余剰生産物が生まれると私有財産制（生産手段の私有化）が始まり、階級分化が生じ、②「奴隷制」さらには③「封建制」を形成する。さらに生産力が上昇すると、「生産関係」の変化がよりいっそう進行し、プロレタリアート（労働者階級）とブルジョワジー（資本家階級）の二大階級に分化した④「資本主義社会」が誕生することとなる。そして二大階級の搾取＝被搾取関係、生産力と生産関係の矛盾が頂点に達すると、プロレタリアートによる暴力革命が生じ、その結果、財産、生産手段共に共有化された「共産主義社会」が誕生するというのが、マルクスの将来展望であった。このようにマルクスは、「上部構造」と「下部構造」の関係に着目することで④「資本主義社会」から⑤「共産主義社会」に移行するという歴史的展望を描いてみせた。

1-4．知識社会学の誕生にマルクスが与えた影響

　こうしたマルクスの将来展望は、ソビエト連邦が崩壊した今日においては説得力をもちえないかもしれない。実際マルクスは、資本主義社会の進んだイギリスなどで「共産主義社会」が誕生するとにらんでいたが、現実ではロシアや

中国などの資本主義の遅れた地域において「共産主義社会」が誕生したのであった。

　マックス・シェーラーも、このマルクスの歴史的展望については受け入れなかったものの、「上部構造－下部構造」というマルクスの着想を批判的に継承して「知識社会学」を提唱するに至った。これまで考察してきたようにマルクスは、「生産様式」＝「下部構造」が「イデオロギー」などの「上部構造」を規定していると主張した。マルクスのイデオロギー論は、既存社会に対する批判、特に階級社会によって生ずる矛盾を暴露することに重点が置かれている。

　だがこのようなマルクスのイデオロギー論から、既存の社会に対する批判をいったん抜き取って考えてみると、階級社会の矛盾を覆い隠すイデオロギーだけでなく、私たちが日々の生活で活用している「知識」全般もまた「社会」によって規定されるものであるという「知識社会学」の着想につながっていく。

　私たちの常識的な感覚では、人間の理念や思想などが社会を形作っていると考えられている。だがマルクスの考えを敷衍してみれば、「知識」もまた「社会」によって構成されているという対照的な「モノの見方」を私たちに提供してくれる。

　シェーラーは、「下部構造」が「上部構造」を規定するというマルクスの考え方を、「社会」と「知識」との関係にも敷衍し、両者不可分の関係であることを主張し、「知識社会学」を提唱するに至ったのであった。このことは、「知識」というものが、実はその背後にある「社会」から大きな影響を受けているという事実を指摘することに他ならない。こうしたシェーラーの「知識社会学」は、その後のドイツの社会学の発展に大きな影響を与えたとされている。

［注］
1) この草稿は、マルクスの生前には出版されず、彼の死後50年近く経って公刊されたものであり、その編集方針をめぐっては大きな論争を引き起こした。

[引用・参考文献]
Berger, P.L. & Luckmann, T., 1966, *The Social Construction of Reality: A Treatise in the Sociology of Knowledge*. Penguin.（＝[1977]2003，山口節郎訳『現実の社会的構成――知識社会学論考』新曜社.）
魯迅，増田渉訳［1921］1961，『阿Q正伝』角川書店.
的場昭弘，2004，『マルクスを再読する：〈帝国〉とどう戦うか』五月書房.
Marx, K., [1859]1970, *A Contribution to the Critique of Political Economy*, Moscow: Progress Publishers.（＝1956，武田武夫他訳『経済学批判』岩波書店.）
Marx, K. & Engels, F., [1926]2014, *Die deutsche Ideologie*, Akademie Verlag.（＝2000，新訳刊行委員会訳『新訳ドイツ・イデオロギー』現代文化研究所.）
夏目漱石，［1914］1991，『こころ』集英社.
徳永恂，1976，『社会学講座11　知識社会学』東京大学出版会.

ブックガイド

的場昭弘，2004，『マルクスを再読する：〈帝国〉とどう戦うか』五月書房．：本書は、今日においてマルクスを読む意義はどこにあるのかという観点に基づいてマルクスの主要著作を再考し、その内容を概説している。マルクス思想の概観を掴むのに初学者にとってうってつけの一冊といっていいだろう。

■ 2．「知識社会学」の誕生：K.マンハイム ■

　前節で見てきたようなマルクスの思想、とりわけ「下部構造」（生産様式）が「上部構造」（社会における思考や政治体制など）を規定するという考え方は、その後の「知識社会学」の成立に大きな影響を与えた。だが一方で、こうしたマルクスの思想を継承しつつも、それを批判的に考察することによって現在の「知識社会学」の礎を作った人物がいる。それが本節で紹介するカール・マンハイムである。

　とはいえ、マンハイムの「知識社会学」の成立には、彼自身が経験した激動の人生が大きく影響している。それはまさに彼自身の生涯がマンハイムの「知識社会学」を生み出したといっても過言ではないものである。以下ではそうしたマンハイムの人生を紹介しつつ、マンハイムによる「知識社会学」の提唱と

その概念をみていくことにしたい。

2-1. ハンガリー時代のマンハイム

　カール・マンハイムは1893年3月27日、当時のオーストリア＝ハンガリー帝国（現在のハンガリー）のブダペストでユダヤ系の両親の元に生まれた。彼は1912年に地元のブダペスト大学に入学し、哲学を専攻した。そうした大学での研究とは別に、彼は同じハンガリー出身のマルクス主義哲学者として知られるG.ルカーチ（Lukács György 1885-1971）との親交を大学入学以前から結んでおり、1915年よりルカーチが主催する「日曜サークル」という哲学や芸術などさまざまな学術的議論を自由に話しあうサークルに積極的に参加するようになっていった。そこではルカーチの他、後に経済学者として知られるK.ポランニーやその弟で科学哲学者のM.ポランニーといったさまざまな分野の若き知識人たちと議論を交わし、大いに刺激を受けたという。このような知的土壌を基にしてマンハイムは自身の知的洞察を深めていくことになったのである。その後1917年には「日曜サークル」のメンバーを母体とした「精神科学自由学院」という名称の学問教育機関が設立される。この学院は従来の大学を中心とした高等教育とは異なる、新しい実験的な教育機関として設立されたもので、マンハイムはこの学院の講師として認識論や論理学に関する講義を行い、学者としての人生を本格的にスタートさせていくこととなった。

　しかし時代の波はその後の彼の人生を大きく翻弄することになる。1914年に始まった第1次世界大戦において、当時のオーストリア＝ハンガリー帝国はドイツやイタリアなどと共に同盟国として参戦していた。とりわけオーストリアは大戦のきっかけとなるサラエヴォ事件の当事者でもあり、積極的に連合国との戦いに参加していたが、戦況は芳しくなかった。そのようなさなか、1918年に革命が勃発し、帝国はあっさりと崩壊してしまったのである。オーストリアとハンガリーはそれぞれ別の国としての道を歩むことになったが、ハンガリーはその後も政治的混乱が続き、やがてクン・ベーラを中心とした共産党が政治の主導権を握り、ハンガリーは社会主義国となった。そしてそうした混乱は、

否応なくマンハイムの人生にも大きな影響を与えた。

　その最たるものは「日曜サークル」の主催者であったルカーチが1918年に突如ハンガリー共産党への入党を宣言し、サークルの多数の仲間と共に共産党に入党したことであった。そしてルカーチは政権側の一員として教育の再編に乗り出すことになる。こうした動きの中、ルカーチによって進められた教育再編策の一環としてブダペスト大学に教員養成コースが設けられ、その教授の一人としてマンハイムが指名される。けれどもクン・ベーラの共産党政権はわずか数ヵ月で軍事クーデターにより崩壊してしまう。そして新たに成立した政権により、ルカーチやマンハイムらは前政権に与した敵対者として祖国を追われる身になってしまった。なお、マンハイム自身は共産党に入党することはなく、むしろルカーチらの共産党入党や共産主義への傾倒に対し終始批判的であり、こうしたルカーチの政治的コミットメントが引き金となって二人の親交は失われていったという。だがいずれにせよ、彼は祖国ハンガリーからの亡命を行わざるをえなくなってしまったのである。そしてそれは、その後のマンハイムの亡命者としての人生の始まりでもあった。

2-2. 亡命時代のマンハイム：ハンガリーからドイツへ

　政治の混乱により亡命を余儀なくされたマンハイムは、その後ハンガリーを脱出し、オーストリアのウィーンに一時亡命した。そしてその後さらにドイツへと亡命し、ドイツ国内を転々としたのち、1920年にドイツのハイデルベルクに居を定めることになった。そして彼はそこで新たに研究生活をスタートさせることになる。

　当時すでに哲学の博士号を有していたマンハイムは、やがてハイデルベルク大学にいた哲学者のK.ヤスパースや、社会学の泰斗M.ヴェーバーの弟で文化社会学者として知られるA.ヴェーバー（Weber Alfred 1868-1958）らと親交を深めていくことになる。そして彼は、とりわけヴェーバーとの親交をきっかけに、哲学から社会学の領域へと研究をシフトさせていくことになった。その後1926年にマンハイムはハイデルベルク大学の講師として採用される。それは哲

学者から社会学者マンハイムへの転向でもあった。彼はその後著名な雑誌である『社会科学・社会政策論叢』の編集委員会にも参加することになり、社会学への傾倒を深めていくことになる。

そして1928年のドイツ社会学会大会での口頭発表により、マンハイムの名はさらにドイツの社会学界において知られるようになった。彼はそこで「精神なるものの領域における競争の意義」という発表を行い、「知識と世界解釈との関係性」について、M.ヴェーバーの「価値自由」概念を例にあげながら論じている。その主旨は、あらゆる「知識」は特定の「世界解釈」、いわば「世界観」と密接に関係しており、両者を切り離すことは困難である。そしてヴェーバーの「価値自由」概念は、科学的認識から価値判断を切り離そうとするものであるが、そうした「価値自由」概念もまたさまざまな世界解釈の競争に巻き込まれるとある種の政治的価値観を付与されてしまうというものであった[1]。

このような彼の学会発表は当時のドイツ社会学会において大きな論争を巻き起こしたとされる。またこうした主張は、後に「知識社会学」における「知識の存在拘束性」概念へと展開していくことになった。なお、当時のドイツ社会学会においては、マルクス主義的な社会学とその他の社会学が互いに激しい論争を続けており、彼はそのようなドイツ社会学界の実情を、いわば亡命者という「外部」の目から客観的に見つめることによって、それぞれの価値観の衝突による「イデオロギー」論争とそれらを支える「知識」の問題に取り組むようになったのだという。そしてそれは、「時代を診断する周縁者（マージナル・マン）」としてのマンハイムの誕生を告げるものでもあった。

2-3. 『イデオロギーとユートピア』：知識社会学の誕生

こうした時代の潮流と自身の亡命生活というふたつの大きな背景のもと、1929年にマンハイムはその主著のひとつとして知られる『イデオロギーとユートピア（*Ideologie und Utopie*）』を出版することになる。本書は「イデオロギーとユートピア」、「政治学は科学として成り立ち得るか」、そして「ユートピア的な意識」という3つのそれぞれ異なる論文から構成されている[2]が、本項で

はこのうち「イデオロギーとユートピア」を中心にみていくことにしたい。

すでに前項でみたように、マンハイムは世の中に存在するさまざまな政治的主張や価値観、いわゆる「イデオロギー」とよばれるものと、それらを支える「知識」についての考察を行った。そして彼は本書を通じてそうした「イデオロギー」概念と「知識」との関係性をより詳細に考察していくことになる。

まずマンハイムは「イデオロギー」という概念について、それを「部分的イデオロギー」と「全体的イデオロギー」というふたつの概念に分けることから始める。ここでいう「部分的イデオロギー」とは「敵対者によって定義づけられた『観念』や『表象』はふつうは信用できない、という程度のことしか意味していない」（Mannheim 1929＝1968：22）イデオロギーのことである。それはたとえば、自分の論争相手の意見やその背後にある価値観に対し「それは単なるイデオロギーにすぎない」といって排除するような態度における心理的思考、すなわち、相手の主張の一部に対する好き嫌いからもたらされるイデオロギーとみなすことができる。それに対して「全体的イデオロギー」とは「敵対者の全世界観を（範疇を組み立てる概念上のワクをも含めて）問題として」（Mannheim 1929＝1968：23）見る概念とされている。すなわちこちらは、相手の意見や価値観を支えるすべてのイデオロギーの総体ともいうべきものであって、いわば人間のもつ「世界観」そのものを指すものといえる。

こうした「イデオロギー」の分類をわかりやすくするために、次のような例を考えてみよう。たとえば普段からそりの合わないAさんとBさんという2人のひとがいて、AさんがBさんのことを「あいつはいつも自己中心的で傲慢な奴だ。この前の会議でも自分が早く帰りたいから適当なことを言っていた」と言うとき、それはBさんの「部分的イデオロギー」を批判しているといえる。それに対し、逆にBさんがAさんのことを「あいつは自分が金持ちで貧しい人びとの気持ちのことなど全く理解できない冷酷な奴だ。この前もテレビで非正規雇用の問題を扱っていたとき、『ただの自己責任だろ』と言っていた」と批判した場合、これはある意味でAさんの思考や世界観そのものを指しており、それは「全体的イデオロギー」といえるのである。

マンハイムは、「イデオロギー」を、社会におけるさまざまな価値観や思考の総体として（すなわち「全体的イデオロギー」として）学問的な研究の対象とすることを提唱する。彼は「全体的イデオロギー」という概念を生み出したのはマルクスとその後継者たちであるとしており、こうした考え方を生み出した彼らの業績を評価している。しかし、マンハイムは「全体的イデオロギー」の分析から、さらに「特殊的イデオロギー」と「普遍的イデオロギー」というふたつの異なるイデオロギー概念を導き出している。では、これらのふたつの概念の違いはいったいどこにあるのだろうか。

　「特殊的イデオロギー」とは、「自分の思考上の立場をなんら問題のないもの、絶対的なものとみなし、敵対者の思考をその人の社会的に機能したものであると考える」（Mannheim 1929＝1968：46）ようなイデオロギーのことである。そしてそれはマルクス主義者たちのもつイデオロギーであるという。すなわち、相手の思考を偏った「イデオロギー」だと断じ、自分たちの正当性を主張するマルクス主義者たちの姿勢は、自分たち自身の思考もまたそのような「イデオロギー」のひとつであることを自覚することを全く考慮に入れていないというわけである。自分たちの正当性を信じて疑わず、敵対者たちの「イデオロギー」のみを問題とする立場は、マンハイムにとってはイデオロギーの「特殊的な把握」をしているにすぎない。そして彼は、敵対者だけではなく、自分たち自身の「イデオロギー」を自覚し、それらも含めた「全体的イデオロギー」の把握を行う立場のことを「普遍的イデオロギー」とよび、そうした姿勢の中から「知識社会学」が生まれると主張するのである（Mannheim 1929＝1968：47）。

　このようなマンハイムの主張は、あらゆる思考が「存在によって拘束されていること」（ibid.）を認めたうえで、それらの「イデオロギー」がどのような基盤の上に成り立っているのかを分析しようとするものである。そして、それは同時に人びとと社会的な「知識」の問題を俎上に載せる「知識社会学」の始まりでもあった。なぜなら時代や社会が異なれば、思考や認識といった枠組みは大きく変わるものであり、また同じ社会においても、その人の所属する階級や集団の違いによって思考や認識は変化するからである。

たとえばマルクス主義者たちは「ブルジョア」に属するとされる人びとを「偏ったイデオロギーを持つ人びと」として攻撃した。これは単にブルジョアジーが経済的な意味（たとえば彼らは裕福であり、労働者からの搾取によって成立する階級であるといったような）において批判の対象となっているだけでなく、彼らの属する集団や階級がもつとされる「全体的イデオロギー」に向けられている。それはすなわち、そうした集団や階級における特定の「イデオロギー」そのものを批判し、それらを克服することを目指すものといえる。そしてそのような視点からみえてくるものは、そうした集団や階級という存在によって拘束される思考や、それを支える「知識」のあり方そのものである。それはすなわち、「知識」のあり方を研究することとはそうした「知識」と社会的あるいは歴史的な関係性をみることに他ならない。とはいえそうした「知識の存在拘束性」は、すでにみてきたように、あらゆる集団や階級にとって不可避な問題である。ではそれらの関係性を分析するためにはどのような立場からみればいいのだろうか。

　この点について、マンハイムは続く第2論文の「政治学は科学として成り立ち得るか」の中でこうした問題を取り扱い、A.ヴェーバーの用語を借用する形で「社会的に自由に浮動するインテリゲンチャ」(Mannheim 1929＝1968：146 傍点省略) がその担い手となることを主張している。ここでいう「インテリゲンチャ」とはいわゆる「知識人」のことであり、またその中でも明確な社会階級に属さない（すなわち「自由に浮動する」）「知識人」がふさわしいとされている[3]。そしてそのような立場の人間がそれぞれの階級における「イデオロギー」やそれを支える「知識」の関係性を分析することによって、「知識社会学」は人びとの「知識」と社会との関係性をみることが可能になると主張するのである。

2-4. 再び亡命生活へ：「知識社会学」提唱後のマンハイム

　こうしたマンハイムの「知識社会学」の提唱は、前年の大会発表と並び当時の社会学界に大きな論争を巻き起こした。特にそのイデオロギーの特殊性を指摘されたマルクス主義的な社会学の一派からは激しい批判が寄せられることに

なったが、一方で彼の提唱する「知識の存在拘束性」概念はその後の社会学においても大きな影響を及ぼし続けることとなった。そして1930年、彼はこれまでの業績が認められフランクフルト大学の教授に就任する。また翌年の1931年には「知識社会学」という論文を発表しており、その中で「知識社会学」の意義や方法論などについて論じるなど、「知識社会学」の提唱者としての第一歩を踏み出すこととなった。

しかし、またしても時代の波が彼を翻弄することになる。彼がフランクフルト大学に就任したほぼ同時期に、ドイツではA.ヒトラー率いるナチスが台頭しつつあった。そして1933年、ナチスが議会で第一党となり、ヒトラーが首相として任命されると、ナチスは本格的にユダヤ人への迫害を開始する。そうした中、マンハイムもまた「ユダヤ人」であるという理由で教授職を解雇され、弾圧の対象とされてしまった。結局彼は再びドイツ国外へと亡命せざるをえなくなってしまうのである。

こうした時代の波に翻弄される中で、マンハイムはイギリスのロンドン・スクール・オブ・エコノミクス（LSE）に社会学の講師として招聘されることになった。そこで彼は1935年にもうひとつの主著として知られる『変革期における人間と社会 (Mensch und Gesellschaft im Zeitaler des Umbaus)』を出版し、自らの研究を進めていった。だがLSEでの彼の地位はけっして安定したものとはいえず、特に第2次世界大戦が勃発した1939年以降は、戦時下での教育機関の縮小を理由にLSEからアメリカの大学への異動を勧められる（結局最終的には留任となった）など不安定な生活を強いられることになった[4]。だがそのような情勢の中でも彼は『時代の診断』(1943)という論文集の出版や、BBCラジオでの論理学や社会学の放送に出演するなど精力的に活動を続けていた。そして第2次世界大戦が終わりようやく平穏な生活が取り戻せるかにみえた1947年1月9日、持病の心臓発作により彼は53年間の生涯を閉じたのであった。

2-5. マンハイムの遺産とその後の知識社会学

このように、マンハイムの生涯とその時代背景を追ってみると、そこには彼

の研究と密接な関係があることがわかる。生涯で2度の亡命を余儀なくされるというマンハイムの人生は、その多くが「亡命者」という、いわば社会の共同体の中心から外れた「周縁」に身を置くものであった。だが一方で彼の研究はこうした「周縁」に置かれた状況にあったからこそ輝き続けたものであるともいえる。すなわち、思考における「イデオロギー」や「知識」の関係性に目を向けるという視点は、「亡命者」という彼の特殊な立場が、見えにくい関係性に気づかせるひとつの契機として働いたことは間違いない[5]。また、そのような視点の誕生は、20世紀におけるふたつの世界大戦と当時のヨーロッパの社会的状況とも密接に関連している。その意味で彼の「知識社会学」はまさに時代と共に生まれ、近代以降の社会を見つめるための重要な視点として今なお色あせてはいないのである。

　マンハイムの死後、知識社会学の分野は主にフッサールやその影響を受けたA.シュッツの「現象学的社会学」の視点からのアプローチがP.L.バーガーやT.ルックマンらによって提唱され、日常生活世界における「知識」という観点から研究が行われていくようになっていく（⇒次節参照）。その意味で「知識社会学」はマンハイム本来の視点の研究からは変容していったといえるかもしれない。だが彼の示した「知識」と社会の関係性や、それらをふまえた人びとの思考や行為についての研究は、その後の「知識社会学」の系譜や、社会学の研究そのものに今なお強い影響を与え続けているのである。

　　　［注］
1) なお、こうしたマンハイムの主張に対し、M.ヴェーバーの弟であるA.ヴェーバーは「価値自由」の理念を相対化するものだとしてマンハイムを激しく非難したという。
2) 後の1936年に発行された『イデオロギーとユートピア』英語版においては「英語版の序文」と1931年に発表された「知識社会学」の論文が追加されて5章立てになっている。
3) こうした彼の主張についてはその後さまざまな視点から批判がなされており、本節ではそのすべてを扱うことはできない。こうした批判の詳細については（秋元・澤井 1992）（秋元 1993）等を参照のこと。
4) LSEで不安定な身分に留まり続けることになった理由としては他にも学内での社会学の

扱いをめぐる方向性の違い（マンハイムが招聘された当初は理論的な社会学を扱うことを学校側が求めていたが、やがて理事の交代によって経験的な社会学の扱いを学校側が求めるようになったこと）などもあったとされている。だがいずれにせよマンハイムがイギリスに亡命した後も不安定な身分のままであったことに違いはない。詳細については（澤井 2004）等を参照のこと。

5）マンハイムはイギリスでの亡命生活を送っていた1942年に同僚へと宛てた手紙の中で、自らの亡命者としての周縁性と複数の社会・文化から距離を置くことによりみえてくる新しい視野の重要性について語っている（澤井 2004：34）。このように、彼にとって自らの境遇は不安定なものであるが、一方で複数のイデオロギー的視点をいわば外部から分析する立場にあるものとして一定の評価を下していたようである。

［引用・参考文献］

秋元律郎, 1993,『マンハイム——亡命知識人の思想』ミネルヴァ書房.
―――, 1999,『知識社会学と現代——K.マンハイム研究』早稲田大学出版部.
秋元律郎, 澤井敦, 1992,『マンハイム研究——危機の理論と知識社会学』早稲田大学出版部.
Mannheim, K., 1929, *Ideologie und Utopie*, Friedrich Cohen.（＝1968, 鈴木二郎訳『イデオロギーとユートピア』未来社.）
―――, 1931, Wissenssoziologie, *Handwörterbuch der Soziologie*. hrsg. von A. Vierkandt, F. Enke, 659-680.（＝1973, 秋元律郎訳「知識社会学」『現代社会学大系8　マンハイム　シェーラー　知識社会学』青木書店.）
澤井敦, 2004,『カール・マンハイム——時代を診断する亡命者』東信堂.

ブックガイド

澤井敦, 2004,『カール・マンハイム——時代を診断する亡命者』東信堂.：マンハイムの生涯とその著作の内容を解説したもの。初学者にもわかりやすく書かれており読みやすい。巻尾にはマンハイムの著作リストや年表、彼の理論の各国での受容状況など、マンハイムに関する一通りの内容が網羅されており、おすすめの一冊である。

3. 日常からの知識社会学：P.L.バーガーとT.ルックマン

すでにこれまでみてきたように、私たちのもつ「知識」と「社会」との関係は切り離すことのできないものとして考えることができる。そして、知識社会

学とは、そのような私たちのもつ「知識」がどのような社会的・歴史的条件によって構成されるのかという点に着目するものである。とりわけ、マルクスの「上部構造－下部構造」論や、マンハイムの「イデオロギー」概念の考察は、「知識の存在拘束性」という重要な視点を提供するものであった。

　一方で、こうした知識社会学における「知識」と「社会」との関係性の考察は、どちらかといえば「社会」における「知識」の存在やその役割についての研究といった、いわば「大きな視点」からの考察が中心となっていて、個人の視点からの「知識」についてはほとんど考慮されていないという点は見逃すことはできない。すなわち、マンハイムらの知識社会学における「知識」とは、ある側面において「社会」と同一視されており、「社会」が「知識」を規定するという意味において、「知識」は「社会」の従属物のようなものとして扱われているということになる。また、もうひとつの特徴として、マンハイムらの議論における「知識」とは、いわゆる「知識人」もしくは「知識階級」とよばれる人びとのもつ「知識」がその中心となっている。事実、マンハイムは、前節でも見たように「知識人」の果たす役割について非常に大きな期待を寄せていた。こうした点からも、マンハイムらの知識社会学における中心的議題として想定されている人びととは、いわゆる一般的な人びと（大衆）ではなく、政治や思想に大きな影響力をもつとされる「知識人」であることがわかるだろう。そして、その後の知識社会学の「知識」と「社会」の成立要件を考察する研究は、その多くがそのような視点と前提に基づいて行われてきたのであった。

　しかし、「知識社会学」が成立した1920年代からおよそ40年が経過し、やがて1960年代に入ると、これまでの情勢に変化が訪れた。そして、こうした従来の「知識社会学」の姿勢に対して異議を唱え、「知識人」のみならず、日常世界を生きる一般の人びとのもつ「知識」についての研究の重要性を訴える人物が現れた。その代表的人物が以下で紹介するピーター・L・バーガー（Peter L. Berger 1929-）とトーマス・ルックマン（Thomas Luckmann 1927-）の二人である。

3-1. バーガーとルックマンの「知識社会学」批判

　P.L.バーガーは1929年にオーストリアのウィーンで生まれ、第2次世界大戦直後の1946年にアメリカへ渡り、以降アメリカの社会学界で現在も活躍している人物である。彼は知識社会学のみならず、宗教社会学の分野などにおいても大きな業績を残している。もう一人の著者であるT.ルックマンは1927年に当時のユーゴスラビアで生まれ、バーガーと同じ大学で学んだ。二人は共に現代の「現象学的社会学」の代表的人物としても知られており、以下で解説する彼らの「知識社会学」においてもその強い影響をうかがい知ることができる[1]。「現象学的社会学」については、本書第1章の2節において触れられているため、詳しい説明は省略することにするが、まずはバーガーとルックマンにおける「知識社会学」とはいったいどのようなものなのかをみていくことにしよう。

　バーガーとルックマンは、その著書『現実の社会的構成』(1966＝[1977] 2003)[2] において、これまでの知識社会学が対象としてきた「知識」と「社会」との関係性をもう一度問い直すことを提唱している。すでに述べたように、これまでの知識社会学の領域においては、どちらかといえば「社会」のもつ特性が「知識」にどのような影響を与えるのかが研究の主題となっていた。そして「知識」の担い手として、とりわけその社会における「知識人」の存在が重要視されており、「知識人」のもつ「知識」が「社会」に影響を与えるということを前提とした研究が行われてきた。

　しかし、バーガーとルックマンは、こうした前提による「知識」と「社会」との関係性を批判する。なぜなら、「社会」とは一部の「知識人」や「権力者」たちによってのみ構成されるものではなく、むしろ従来の研究では「知識」をもたないとされてきた「一般の人びと」の日常的な絶え間のないやりとりによっても「社会」が構成されていると彼らは考えるからである。つまり彼らは、これまでの知識社会学が前提としてきた「知識人」の「知識」と「社会」の関係性そのものに異議を唱え、それとは違った「知識」へのアプローチとして「人びとの日常生活」という側面に光を当てたのである。そこには、前述したようなシュッツの「現象学的社会学」の影響を見出すことができる。すでに述

べられているように、シュッツは、社会で生活するひとりひとりのもつパースペクティブによってその人の「日常」や「現実」といったものが構成され、それがひいては「社会」というものの構成要素となる点を重視した。バーガーとルックマンもまたシュッツの理論を援用しつつ、社会で生活する個人のもつパースペクティブや「現実」こそがその人のもつ「知識」にとって極めて重要な役割を果たすことをくり返し主張している。

　たとえば、次のような例を考えてみよう。自動車の修理工がいるとする。そのひとは自動車に関する「知識」といったものを修理工以外のひと（たとえば食品会社で働く人など）よりも詳しく「知っている」といえるだろうし、またそうした「知識」について今後も「より深く知っている」必要があるだろう。なぜなら彼は自動車に関する知識をもたなければ「自動車の修理工」として働くことが難しいからだ（自動車の動く仕組みを知らずに自動車を修理しても意味のないことはすぐにわかるだろう）。そして、たとえ自動車の修理工以外のひとがもつ自動車についての「知識」が、たまたま修理工のもつ「知識」と重なる（あるいは一致する）部分があったとしても、修理工の人びとと、それ以外の人びとのもつ「知識」とでは、それが「仕事」であるのか、あるいは単なる「趣味」や「好奇心」なのかという点において「意味」が異なるものになるだろう。なぜなら、修理工の人にとって、自動車に関する「知識」とは、生活において必要不可欠な「知識」であるのに対し、それ以外のひとにとっては必ずしも必要ではない「知識」としてみることができるからである。このように、一般的には「知っていること」として語られる共通の「知識」とは、そもそもそれがそのひとにとってどのような「意味」をもつのか（すなわち「仕事」で必要なものなのか、あるいは単なる「趣味」や「好奇心」からそれを知ろうとしているのか）という側面を考察しなければならないのである。そして、こうした立場の違いが人びとのパースペクティブの違いをもたらしており、それゆえ私たちの「知識」とは、単純に「社会」から影響を受けた「知識」として考えてはならないということになる。

　簡単にまとめるならば、同じ「知識」であったとしても、それを「どのよう

な立場」から「知識」として獲得するのか（あるいは実際に利用するのか）は、ひとりひとり異なった様相を示すことになる。つまりそれは、「知識とは社会的に共有されたものである」という素朴な前提に対して、「確かに知識は社会的に共有されたものであるといえるが、それは個人のもつ動機や状況などに応じてそれぞれの場面において異なっている」という新たな視点を提供するものである。バーガーとルックマンは、これまで一部の知識人の問題とみなされていた「知識」についての問いを、日常生活を生きる人びとの視点からとらえ直し、同時にそれまで漠然と前提とされてきた「知識」と「社会」との関係性を、「個々人の動機や状況」といったそのつどその場で生じる「知識」の問題へと発展させるに至ったのである。

3-2.「知識」と「現実」の問題

　バーガーとルックマンの「知識」への姿勢は、すでに述べたようにA.シュッツの「現象学的社会学」の影響を受けたものである。シュッツは、私たちが日常生活を送るうえでの普段の態度（『日常生活の態度』）のことを「自然的態度」とよぶ。それは、目の前の現実を「あたりまえ」として自明視し、疑いの余地を挟むことのない態度である。私たちは、目の前に現れている風景や物体を「そこにあるもの」としてまさに「自然に」受け入れている。そして、それらに対し本当に「現実」のものであるのか（本当は存在しないのではないか）という疑いの目を向けることはほとんどない。これがシュッツのいう「自然的態度」である。そして、このような態度をとり続ける限り、多くの人びとは日常生活に大きな支障をきたすことはほとんどなく、まさに自分にとって「あたりまえ」の生活を送ることができるようになる。

　バーガーとルックマンは、こうしたシュッツの主張を私たちの「知識」についても適用した。まず彼らは、人びとの生きる日常生活の「現実」や、ひいては「社会」とよばれるものが、こうした人びとの「自然的態度」から「構成」（construction）されていることを前提とする。すなわち、彼らの言葉を引用すると「現実は社会的に構成されており、知識社会学はこの構成が行われる過程を

分析しなければならない」(Berger & Luckmann 1966＝[1977]2003：1) というものである。そして、こうした「構成」において重要視されるのが「現実」と「知識」である。まず「現実」とは、「われわれ自身の意思から独立した一つの存在をもつと認められる現象」(ibid.)、つまりは人間の意思によって勝手に抹消することのできないものとして定義されている。そして、もう一方の「知識」とは「現象が現実的なものであり、それらが特殊な性格をそなえたものである、ということの確証」(ibid.) として定義されている。すなわち、ここでいう「知識」とは、私たちが「ここといま」にいるということを確信するためのもの、あるいは「自明視」された「現実」をまさに「現実」として受け止めるためのあらゆる「知識」のことを表現している。

バーガーとルックマンによるこうした「現実」と「知識」の定義からは、「現実」を「自明視」し、またそれによって得られる「至高の現実」を自分自身の「現実」としてみるための「知識」の必要性がみてとれる。だが、これだけではまだ「知識」の問題を語るには十分ではない。さらに彼らは、個人のもつ「知識」の関係性を問うための条件として、「知識」における個人のもつ「動機」や「関心」、あるいは「場の状況」といった問題についても議論を行っている。

自動車修理工の例でも述べたように、ある「知識」についての「関心」は、その「知識」に対するかかわり合いの深さと密接に結びついている。ある「知識」が、自分の仕事上必要なものなのか、単なる趣味の領域に留まっているものなのかで個々人の「関心」は大きく異なってくる。さらに、そのような「知識」は、たいていの場合、そうした「知識」が必要とされる「場」での状況や文脈においても意味や役割が変化する性質をもつという点は見逃すことができない。たとえば「自動車に関する知識」というものは、それが「仕事中」なのか、あるいは「休日に友人と会話しているとき」なのかにおいてもその意味は異なってくる。「仕事中」であれば、その「知識」は目の前にある自動車をうまく修理するための「知識」として利用されるであろうし、「友人との会話」であれば、その「知識」は「おしゃべりのネタ（たとえば仕事に関するウンチクや

あるいは職場に対する不満など）」として利用されるだろう。このように、同じ「知識」といっても、それはその場の状況や個人の動機といったさまざまな条件によって意味や役割は変化するものであり、またそれらは他者がもつ「知識」においても同様である。

　このように考えていくと、「知識」とは、単なる「知っていること」あるいは「そのように考えられていること」といった意味の他にも、まさに「現実」（社会的現実）を構成するために必要不可欠な要素としてみなすことができる。なぜならそのような「現実」とは、彼らによれば、他者によって共有され、同時に他者と共に作り出されているものに他ならないからである。すなわち、私たちはさまざまな「知識」をその場の状況や他者との協働作業の中で常に使い分けており、それにより「ここといま」という私たちにとっての「至高の現実」が絶えず生み出されていると考えることができるようになる。それは、「知識」というものが「知識人」や「社会」の影響を受けるといったものだけでなく、日常を生きる私たちひとりひとりにとって「現実」を構成するための必要不可欠な要素として考えることができる。バーガーとルックマンの「知識社会学」は、まさにそうした「知識」と「現実」の問題を再考察することに成功している。

3-3.「知識」の社会的構成

　これまでの話では、「知識」と「現実」という関係性が、主に個人のもつ動機や関心といった側面から説明されてきた。ではこうした「知識」は、個人の日常生活においてどのように構成され、維持されていくのだろうか。バーガーとルックマンは、ひとつの例として、こうした問題を「対面状況」における「他者との相互作用」を通じて説明している（Berger & Luckmann 1966＝［1977］2003：48-58）[4]。

　彼らによれば、私たちが他者（友人でも同僚でもかまわない）と共に同じ場所にいる場合（対面状況）、お互いの「ここといま」を共有しながら「現実」を作り上げる。すなわちお互いを「現実的な存在」として認識しながら、やりとりを

続けることになる。このとき、ひとはお互いに相手のことを意識し合い、その他者が「なんであるのか」ということが次々と自分の前に示されることになる。しかし一方で、「自分がなんであるのか」については「自分の経験の不断の自然性を停止し」(Berger & Luckmann 1966＝[1977]2003：45)、自分自身を内省することになるという。すなわち、日常生活における「自然的態度」といったものをいったんそこで保留し、自分自身の内省によってそうしたことを理解しなくてはならなくなるからである。

　だが一方で、人びとがお互いに他者理解を行う際には、こうした作業と同時にもう一つ別の形での他者理解も行われていると彼らは指摘する。それは「類型化」による他者理解である (Berger & Luckmann 1966＝[1977]2003：46)。すなわち、相手に対して「彼は男性だ」、「彼はアメリカ人だ」、「彼は陽気な性格だ」といった、いわゆる「カテゴリー化」によって他者理解を進める側面もあるというわけである。それは、知り合い同士だけでなく、相手が初対面のひとであっても行われる。たとえば自宅にセールスマンが訪ねてきたとき、その相手を見て、ひとはそのひとが「男性」なのか「女性」なのか、「若い」のかあるいは「高齢」なのか、「誠実そうな人物」かあるいは「うさんくさい人物」なのか、といったことを類型的に判断する。そして、実際のやりとりを通じてそのつど「類型化」された情報を修正し、より適切と思われる「類型化」を相手に対して行っていくことになる（もちろん、それは相手も同様である）。このように、ひとは対面状況における相手との相互行為において、自分の「知識」や「現実」といったものを絶えずその場で作り上げており、またそのような過程を通じて「知識」や「現実」が維持されていく様子が描かれている。

　さらに、バーガーとルックマンは、以上のような人びとによる「知識」と「現実」との構成の過程の契機について、3つの概念を使用して説明している。それは「外化 (externalization)」、「客観化 (objectivation)」、そして「内在化 (internalization)」である。以下ではそれぞれの内容について簡単に触れておくことにしよう。

　まず「外化」とは、ひとが肉体的、あるいは精神的な活動によって世界に働

きかけていく過程のことである。次に「客観化」とは、こうした活動を通じて外的で客観的な「現実」が成立することである。そして「内在化」とは、そうした「現実」を再び自分自身の中に取り入れ、それらを自分の「現実」として理解する過程のことを示している。それは、人間ひとりひとりがもつ「現実」（主観的現実）と、その外的世界である「現実」（客観的現実）とを弁証法的に組み合わせ、ひとが自分の「現実」とそれを把握するための「知識」の構成の過程を明らかにしようとするものである。それによれば、社会が人間の産物になるのは「外化」の働きによるものであり、社会が客観的現実として現れているのは「客観化」の働きであり、そして人間が社会の産物となるのは「内在化」の働きという、それぞれの働きが組み合わさって「個人」と「社会」との結びつきが得られるようになるとしている。たとえば「社会秩序」に関する「知識」といったものを考えてみると、それはまず人びとの活動によって作り出され（外化）、そしてひとたび作り出されると今度は人びとに「現実」として現れるようになり（客観化）、そして再び人びとの意識の中へと投げ返される（内在化）というような一連の働きによって、そのような「知識」が作り出されるということを意味している。このように、バーガーとルックマンは、「知識」と「現実」がいかにして構成されるのかという点を明らかにしようとしているのである。

3-4.「知識」と「社会化」

　前節で述べられたような人間の「知識」と「現実」の構成過程は、ひとの成長過程において「経験」と「知識」になっていく過程で行われる。すなわち「社会化」を通じてひとは、「知識」をまさに「知識」として獲得していくわけである。この点について、バーガーとルックマンは「第一次的社会化」および「第二次的社会化」というふたつの「社会化」を通じた「知識」の獲得について説明を行っている。

　まず「第一次的社会化」において、ひとはとりわけ「意味ある他者」[5]を通じてさまざまなことを学習し、経験として理解していく。それは、客観的な社

会構造の中に生まれた人間が「他者」(「意味ある他者」) を通じてはじめて「現実」についてのさまざまな出来事を経験していくことと同義である。そしてそうした経験を積んでいく中で、ひとは同時にさまざまな「知識」や「現実」を自ら作り出していくことになる。その段階が進むと、今度は「第二次的社会化」によって自らの「知識」と「現実」とをより詳細に作り出していくことになる。「第二次的社会化」においては、主に社会におけるさまざまな諸制度や、自分の周囲にいるさまざまな人びとを通じて、自らの「知識」と「現実」とを構成していくようになる（Berger & Luckmann 1966＝[1977]2003：209-222）。

　このように「社会化」された相互作用は、それが積み重なることによって、そのひとにとっていわば慣習化された行為となる。そしてそこには「類型化」が発生する。なぜならば、ひとはさまざまな出来事の中から共通化された事項を見つけ出し、やがてそれらをひとまとめにするからである。そして、それらは最終的に「制度化」されて、「社会」そのものを安定化させる要因として広く「社会」に共有されることになる。他方で「社会化」は、生涯を通じて実践され、「知識」も、そのような相互作用によって常に影響を受けながら発達しつづけていく点も忘れてはならない。

　バーガーとルックマンは、こうした人間の発達段階における「社会化」の段階と「知識」の関係を明らかにすることで、最終的には人間のパースペクティブそのものを形成する「知識」と「社会」との関係がどのように構成されているのかを明らかにした。それは、それまでの「知識社会学」において問題とされてきた「知識」と「社会」との関係性を根本から問い直し、人間の「知識」が単なる社会的な拘束性をもったものではなく、むしろ自らが能動的に働きかけることのできる性質をもつものであることを明らかにしたのであった。そしてそれは同時に、人びとがもつ「知識」そのものが「社会」を作り上げるということのダイナミクスを鮮やかに描き出すものでもあった。

3-5. バーガーらの「知識社会学」がもたらしたもの

　最後に、これまでみてきたようなバーガーとルックマンの「知識社会学」が

どのような影響を与えたのか。その点について当時の社会や社会学の状況をふまえながら簡単にみていくことにしたい。

彼らが『現実の社会的構成』(1966) を出版した1960年代は、アメリカ社会にとって激動の時代であった。たとえばアメリカ社会においては社会的マイノリティの人びとによる「公民権運動」が発生し、またベトナム戦争をめぐりアメリカ社会そのものの「正義」が問われる事態となった。すなわち、それまでのアメリカ社会において「あたりまえ」だとされていた「価値観」そのものが、さまざまな出来事によって大きく揺らいだ時代であったのだ。

そしてそれは当時のアメリカ社会学においても同様であった。特に、1950年代の社会学をリードしていたパーソンズの「構造‐機能主義」および社会的「規範」を重視する研究は、こうした社会情勢の変化を受けて徐々に批判の対象となっていった。なぜなら、それらの研究においては、どちらかといえば「社会」そのものが重要視されており、「社会」に生きるひとりひとりの個人の問題についてはほとんど省みられることがなかったからである。またそのような研究においては、現実社会で発生している社会の変動そのものを効果的に説明することは困難であった。このような情勢の中、社会学においては、従来の社会学とは違う新しい視点からの社会学が待望されていた。

バーガーとルックマンの「知識社会学」は、そうした情勢における画期的な理論であった。すでに見てきたように、彼らの社会学はいわば「個人」の視点から「知識」と「社会」との関係性を解きほぐしたものであった。またそれは当時の社会学においていわば「過去の人」となっていたシュッツの「現象学的社会学」の再評価につながるものでもあった[6]。

バーガーとルックマンによって提唱された「社会が人々によって『構成』される」という概念は、その後「社会構築主義」といった分野などで発展継承されていくことになる[7]。そして同様の考え方は、たとえばシンボリック相互作用論やエスノメソドロジーといった他の社会学の分野にも波及している。このように、彼らの「知識社会学」は、現在の社会学においてもいまだに重要な役割を果たし続けているのである。

[注]

1) 事実、バーガーとルックマンは共にニュースクール・フォー・ソーシャル・リサーチ（New School for Social Research）という研究所で直接シュッツから講義を受けており、このことが彼らの学説に強い影響を与えたとされている。当施設の設立の経緯やシュッツおよびバーガー、ルックマンとの関係については（森 2001）などを参照のこと。
2) 本書は1977年に新曜社より当初『日常世界の構成——アイデンティティと社会の弁証法』という邦題で翻訳書が出版されているが、その後2003年に『現実の社会的構成——知識社会学論考』と改題されて再出版されている。これは後者の題名の方が原著のタイトル（*The Social Construction of Reality*）に忠実であったことと、「人々の共働の産物としてある社会的現実というニュアンスを伝えるためには、やはり原題に忠実であった方がいい」ためであると訳者は「あとがき」において説明している（Berger & Luckmann 1966＝2003：315）。なお、1977年版と2003年版のいずれの版においてもページ数の多少の違い以外はすべて同一の内容となっている。
3) 訳書では重要な用語はすべて＜現実＞および＜知識＞といった形（不等号記号で括る）で記載されているが、以下では文章全体の整合性を取るため、敢えてカギ括弧で記載することにする。
4) なお、彼らはこうした対面状況における相手との「ここといま」との共有は、相手の距離が遠ざかるにつれて「匿名的」なものになっていくとする。つまり一方の極にこうした対面状況があり、他方の極として、対面状況では得られない「匿名的」な抽象物が存在するとしている（Berger & Luckmann 1966＝[1977]2003：50-51）。
5) 「意味ある他者」概念および「社会化」による人間の発達段階については第2章第3節「G.H.ミード」の項目を参照のこと。
6) 1960年代におけるシュッツ社会学の再評価についての詳細は（西原，保坂編 [2007] 2013）などを参照のこと。
7) バーガーらの提唱した「構成」概念と、社会構築主義において使用されている「構築」概念は、いずれも英語のconstructionを日本語にしたものである。しかしながら、一方で「構成」概念と「構築」概念との間には相違も存在している。これらの詳細については（上野 2001）などを参照のこと。

[引用・参考文献]

Berger, P.L., 1963, *Invitation to Sociology: A Humanistic Perspective*, Penguin.（＝[1979] 2007，水野節夫，村山研一訳『社会学への招待』（普及版）新思索社.）
Berger, P.L. & Luckmann, T., 1966, *The Social Construction of Reality: A Treatise in the*

Sociology of Knowledge, Penguin.（＝［1977］2003，山口節郎訳『現実の社会的構成――知識社会学論考』新曜社.）

森元孝，2001，『アルフレッド・シュッツ――主観的時間と社会的空間』東信堂.
西原和久，保坂稔編，［2007］2013『グローバル化時代の新しい社会学（増補改訂版）』新泉社
徳永恂編，1976，『社会学講座11　知識社会学』東京大学出版会.
上野千鶴子編，2001，『構築主義とは何か』勁草書房.

ブックガイド

Berger, P.L., 1963, *Invitation to Sociology: A Humanistic Perspective*, Penguin. (＝2007，水野節夫・村山研一訳『社会学への招待』新思索社.)：本節で紹介した著者の一人であるバーガー自身によって書かれた社会学の入門書。内容は「社会学」とは何かということについての話が中心であるが、同時に彼自身による「日常生活」に根ざした現象学的社会学の視点からの解説がなされており、その意味において彼らの「知識社会学」のエッセンスを味わうことができる。入門書なので平易な文章で書かれており、社会学の初学者でもとっつきやすい。

【コラム5】他人指向型

　現在ほとんどの先進国では、信条・財産・性別などによって制限されず参政権が国民に与えられている。日本においてもこのことは同様で、どれほど貧乏なひとであっても、お金持ちの人と同じように選挙において一票を投票することができる。国民の多くはこのことをあたりまえの権利と思っており、選挙の際に投票しないひとも少なくない。しかし普通選挙制の導入は、20世紀に入って欧米を中心に大衆社会が出現してからのことで、その歴史はけっして古いものではない。

　19世紀までの欧米社会は、「教養と財産ある市民」（ブルジョアジー）という少数の人びとの手によって政治が運営されていた。しかしこの市民社会から大衆社会へ移行すると、「教養と財産」があるとは限らない多様な階層の人びとによって構成される「大衆」に政治参加の道が開かれることになり、従来の市民社会における民主主義のあり方を一変させた。大衆社会は、高度に発達した資本主義経済とそれに伴う利害の多様化などを特徴としており、この大衆のもつ多様な利害・要求に政治が応えなくてはならなくなったのである。

　この大衆社会を生きる大衆の性格特性を『孤独な群衆』（1950）の中で、近代以前の人間や近代社会（市民社会）の人間と対比して分析したのが、アメリカの社会学者デイヴィッド・リースマン（David Riesman 1909-2002）である。リースマンによると、近代以前の人間の性格特性は、習慣などの伝統に則って行動を決定する「伝統指向型」であり、また近代社会の人間の性格特性は、自己の理性的判断を行動の基準とする「内部指向型」である。これに対してリースマンは、現代社会（大衆社会）を生きる人間（大衆）を、常に他人や社会の動向を気にしながら、自分の行動を決定する「他人指向型」であると主張している。リースマンの見解に基づくならば市民社会から大衆社会への移行は、「内部指向型」の人間（市民）に取って代わって「他人指向型」の人間（大衆）が政治の動向に大きな力をもつことを意味する。

　大衆社会となり、大衆が政治の表舞台に登場したことは、民主主義をより一層進展させたが、このことは同時に、他人の動向に流されやすい大衆によって政治の動向が左右され、情緒的な要因で政治が動かされる傾向を強めたのであった。その結果20世紀のドイツやイタリアでは、この大衆社会を足がかりにしてファシズムが誕生している。

[引用・参考文献]
Riesman, D.,1961, *The Lonely Crowd: A Study of the Changing American Character*, Yale University Press.（＝1964, 加藤秀俊訳『孤独な群集』みすず書房）

【コラム6】再帰的近代化

　長い間、近代化や工業化は、生活を豊かにすると考えられてきた。公害などの副作用が問題にされながらも、基本的には工業化が優先されてきたのだ（単純な近代化）。しかし現在では近代化が進むことで、地球温暖化問題、オゾン層の破壊、あるいは出生前診断についてのルールの必要性などの広範な問題が生じ、近代化そのものの問題性が問われるようになってきている。

　再帰的近代化は、ドイツの社会学者ウルリッヒ・ベック（Ulrich Bech 1944-2015）や、イギリスの社会学者アンソニー・ギデンズ（Anthony Giddens 1938-　）らによって論じられている概念だ。「再帰的」とは、行為の結果が自分に戻ってくることを指す言葉だ。論者により異なるが、再帰的近代化とはおおむね、近代化が進むことによって、その近代の基盤や知が問い直される段階を指す。

　ベックの場合、再帰的近代化は、近代化の副作用が、政治など公的な場でも争点になり（たとえば温暖化問題は国際政治の場で争点となっている）、工業化の持続をむしばむ段階のことを指す。彼は再帰的近代化を、「リスク」と結びつけて論じる。たとえば、遺伝子組換え技術により、病害虫に耐性のある作物を作ることで農薬の量を減らせる一方で、「将来的に人体に害があるのではないか」というリスクは（たとえ政府が安全を宣言しても）つきまとう。しかもこの社会で生活している限り、リスク（たとえば遺伝子組換え食品）の影響を避けることは難しい。つまり、誰でもその被害を受ける可能性があるのだ。

　ベックが生態系の危機を論じることに関連して、ギデンズは、この問題を自然の終焉や脱伝統遵守という点から理解する必要があるという。たとえば、科学の発展により体外受精が可能になった。また核家族の増加など、家族規模が縮小していることもよく知られている。こうした中で、これまでは自然や伝統によって決められていた「子どもをもつこと」は、現在では個人が選択するものになってきている。それにより、代理母や出生前診断などに関する新たな倫理が求められるようになった。こうした点に注目するギデンズの再帰的近代化は、人間の知的な反省性に重きを置くものである。

[引用・参考文献]

Beck, U., Giddens, A., & Lash, S., 1994, *Reflexive Modernization-Politics: Tradition and Aesthetics in the Modern Social Order*, UK: Polity Press. (＝1997, 松尾精文, 小幡正敏, 叶堂 隆三訳『再帰的近代化――近現代における政治，伝統，美的原理』而立書房.)

Beck, Ulrich, 2002, *Das Schweigen der Wörter; Über Terror und Krieg*, Frankfurt am Main; Suhrkamp Verlag. (＝2010, 島村賢一訳『世界リスク社会論：テロ，戦争，自然破壊』筑摩書房.)

【コラム7】マクドナルド化

　マクドナルドは、アメリカを代表するハンバーガー・チェーン店である。日本には、子会社の日本マクドナルドが1971年に設立され、同年には、銀座に第1号店をオープンした。その後日本マクドナルドは、全国に店舗を展開し、現在では日本のすべての県にマクドナルドの店舗が存在する。

　オリンピックの選手村で1番味の当たり外れが少ないのが、マクドナルドだといわれていた。このことは、オリンピックの選手村に出店されたマクドナルド店だけでなく、日本全国に展開されたマクドナルド店にも当てはまる。マクドナルドの東京の店舗は味がおいしく、大阪の店舗は味がまずい、などといった味のばらつきはみられない。

　全国どの店舗に足を運んでも、同一のハンバーガーの味が期待できるのは、マクドナルドが、チェーン店である強みといえよう。チェーン店とは、単一の企業などの経営体によって、商品、経営指針、サービスの内容などに統一性が与えられ、運営や管理が行われている複数店舗の集合体を意味する。チェーン店には、企業自らが店舗を設置する直営店方式と、個人オーナーなどの外部の資本を募り、店舗を設置するフランチャイズ方式がある。日本マクドナルドは、個人オーナーのフランチャイズ店にも直営店と同様に、ハンバーガーの味からアルバイトの採用まで厳しい管理を行っている。こうした厳格な管理のおかげで、私たちは全国のどのマクドナルドの店舗に足を運んでも、同じハンバーガーの味を期待することができるのである。

　アメリカの社会学者G.リッツァ（Geoge Ritzer 1940-　）は、このマクドナルドを代表とするレストラン・チェーン店の経営理念と諸原理が、世界の国々のあらゆる分野・部門で優勢を占めていく過程を、「マクドナルド化」（McDonaldization）とよんでいる。外食産業のみならず、教育、医療、旅行、レジャーなどの社会のあらゆる分野に浸透した「マクドナルド化」は、近代社会の合理化の帰結であると同時に不可避的な過程である、とリッツァは診断している。

　リッツァによれば「マクドナルド化」は、①「効率性」、②「計算可能性」、③「予測可能性」、④「制御」の4つの次元から構成されている。①の「効率性」とは、作業効率の向上を図り、最小の労力とコストで目的を達成できるような、目的に対する最適な手段を追求することを意味する。また②の「計算可能性」とは、生産過程やサービス過程のあらゆる物事を定量化・数量化していくことを意味し、③の「予測可能性」とは、作業のマニュアル化・画一化によっていつでもどこでも同じ商品やサービスが提供されることを意味する。そして④の「制御」とは、不確実な人間の技能を、個々の人間に依存しないより確実な技術体系やシステムに置換することを意味する。

　このような4つの次元で構成されている「マクドナルド化」は、チェーン店の店員が、マ

ニュアルに基づいた接客を行い、最小限のコミュニケーションによって注文をさばいていくことを余儀なくされているように、精神の自由を奪い、個々人を組織の歯車に変えてしまう危険性が存在する。また「効率性」を過度に重視した「マクドナルド化」は、マニュアル化・画一化された経営形態による文化支配を招くことが懸念される。実際日本の地方都市などチェーン店が進出した地域では、地域ごとの特性に根ざした文化の多様性や個性を削ぎ落とされ、代わり映えしない無個性な街並み風景が展開されている。

[引用・参考文献]

Ritzer, G.,［1993］2004, *The McDonaldization of Society*, revised new century edition, Pine Forge Press.（＝2008, 正岡寛司訳『20世紀新版 マクドナルド化した社会：果てしなき合理化のゆくえ』早稲田大学出版部.）

【コラム8】リキッド・モダニティ

　Z.バウマン（Zygmunt Bauman 1925-　）が提唱する「リキッド・モダニティ」とは「液体的、流動的」な近代社会における生のあり方である。バウマンにおいて「近代」とは、「ソリッド・モダニティ」と「リキッド・モダニティ」からなる。「ソリッド・モダニティ」とは、「固体的近代」を意味する。「ソリッド・モダニティ」の時代では、秩序を乱すものは整序され、人為的に作られ、管理され、それゆえ人間の自由と行動は犠牲となった。

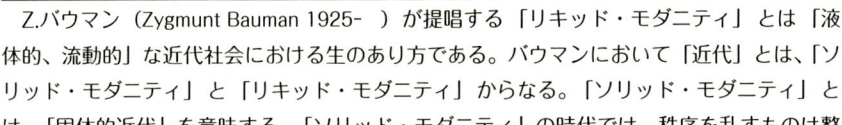

　「リキッド・モダニティ」を近代とするバウマンによると、「リキッド・モダニティ」は近代の終焉を意味するものではなく、現代が近代からの連続した時代であることを意味する。バウマンによると現代とは、近代的溶解力の再配分、再分配が起こっている。それは、以前には存在していた伝統的制度や枠組みが破壊されることを意味する。しかし個人は、新しい形態、新しい枠組みが以前にもまして硬直的で、強力になっているために気づかないでいる (Bauman, 2000＝2001：10)。

　ここで「家族」を例にバウマンのいう「リキッド・モダニティ」をみていこう。日本社会には多くの家族が存在している。ではその形式は、どのようなものがあるだろうか。現代社会では、核家族が主流となり、また離婚率上昇に伴う母子家庭、父子家庭が増加している。その結果、日本に存在していた直系家族は減少しており、従来、息子や娘の家族に入れてもらえていた祖父母が、家族に入れてもらえないケースも存在している。資産に余裕のある祖父母は、高級な老人ホームに入居し第2の人生を謳歌している。他方では、老老介護という人生を歩んでいるものもいる。すなわち家族制度が崩壊したことにより、資産の有無で老後生活が大きく変わってくる。資産の有無は、その社会の経済的状況というよりも、個人が有するものに委ねられる。

　われわれが生きている近代とは、同じ近代でも個人、私中心の近代である。それゆえに、模型と形式を作る任務も個人に任せられ、その成功も失敗も個人に帰せられている。バウマンのいう現代とは、形作られたものが固体として形成されず、連続的に変化する社会である。液体のものが固体状態を保持することが難しいように、「リキッド・モダニティ」における社会では、作り上げられたものを保持していくことが困難である。

　われわれの生活とは、以前と比較すると、とても便利なものへと変化した。他者との連絡は、メールやスマホのアプリで、いつでもどこでもつながることができる。しかしこのように手に入れた生活とは、固体化されたものではなく、流動的に変化していくものである。われわれの生活とは、個人に帰せられる社会である。その事実を示してくれるものが、「リキッド・モダニティ」の考えである。

[引用・参考文献]

Bauman, Z., 2000, *Liquid Modernity*, The English Agency.（＝2001, 森田典正訳『リキッド・モダニティ』大月書店。)

Chapter 4 機能主義とは何か
――社会をシステムとしてとらえる――

Durkheim　Parsons　Merton　Luhmann

　この章では、機能主義の系譜を概観する。機能主義の基本形とその展開を概観するのに不可欠なのは、本章でみるデュルケム、パーソンズ、マートン、ルーマンの4人である。機能主義の原型を作ったのがデュルケム、それを展開し成熟させたのがパーソンズとマートン、そしてその成熟ゆえに明らかになった機能主義の欠点をクリアすべく、機能主義の性格を転回させたのがルーマンである。

　機能主義は、〈社会とは、人間ひとりひとりの意図を越えた一種のシステムである〉という社会観と密接な関係にある。社会というシステムがどのようにして生きながらえているかを理解するためには、全体としての社会を構成する諸部分が何であり、かつ、それが全体としての社会にとってどのような「機能」を果たしているかを知らねばならない。機能主義とは、こうした観点から社会を分析する、ひとつの方法である。しかし、それは初期の機能主義のイメージにすぎない。機能主義はそこから展開され、さらに転回されるわけである。

　機能主義は一枚岩ではない。ここでみる4人の間でも機能主義の内実は一様ではない。というのも機能主義は、彼らがそれぞれにもっていた理論的志向に即して展開されてきたからである。機能主義は、いわば彼らの理論に寄生しながら進化してきたのである。それゆえ、以下では彼らの理論的志向がどのようなものであったかをも合わせて概観していくことにしよう。

■キーワード：機能、システム、理論と方法■

1. 機能主義の原型：É.デュルケム

1-1. デュルケムの問題関心

エミール・デュルケム（Émile Durkheim 1858-1917）の生きた時代は、産業化が急速に進展している時代であった。産業化によって、全体としては人びとの生活水準は向上したといえよう。しかし、産業化がもたらしたものはそれだけではない。たとえば、産業化は社会構造の全体的な組み換えを伴う過程であり、伝統的社会の解体過程でもある。また産業化の過程はさまざまな新たな社会的病理が醸成される過程でもある。それゆえデュルケムの生きた時代は、単に人間の生活水準が向上している時代というより、人間の生活条件が大幅に変動している時代であった。

そうした変動の時代にあって、デュルケムの関心は、道徳に向けられた。道徳についてのデュルケムの見方の特徴は、〈道徳は社会構造のあり方によって異なる〉と考えることである。デュルケムによると、あらゆる社会はそれぞれ一個の「道徳的社会」であるが、近代社会もその例外ではない。デュルケムの関心は、新たに生じた近代社会における、ありうべき道徳とはどのようなものか、ということに向けられるのである。また、道徳という一見科学的でない問題を科学的にとらえようとしたことも、デュルケムの特徴である。デュルケムの社会学は、まさに「道徳の科学」として構想されたものなのである。

1-2. 機械的連帯と有機的連帯

最初の主著である『社会分業論』（1893）でデュルケムが問うたのは、近代化によって分業が進展し、ますます社会が分化し、ますます個々人が個別化していくとき、人間同士の結びつき（社会的連帯）のあり方はどうなるのかということであった。デュルケムのみるところ、分業は近代社会の構造と秩序を形作る根本的原理であり、したがって社会的連帯のあり方も、分業が進展する前と後とでは大きく異なっているのである。

近代社会における社会的連帯の特徴がどのようなものかとらえるために、デ

ュルケムは、社会的連帯を「機械的連帯」と「有機的連帯」というふたつの類型に整理した。

機械的連帯とは、類似による連帯、つまり、互いに似ているがゆえに生じる連帯である。機械的連帯は、典型的には近代化とはほど遠い小規模な未開社会に見られるものである。それは、氏族のような同質な集団が寄り集まって形成された社会であり、構造としてはミミズのような環節動物（同質な部位のつながりからひとつの個体が形成されている）に似ているため、「環節的社会」とよばれる。そこでは、個々人の意識は、個人ごとの個性的な意識よりも、互いに共通する意識（共同意識、集合意識）が占める割合が多くなっている。そして、この共同意識が強いほど（連帯が機械的であるほど）、共同意識に反するような行為に対する集団からの反作用（刑罰）も激烈となる。それゆえ機械的連帯が強い社会は、刑法（抑止的法）が優位する社会である。

他方、有機的連帯とは、機械的連帯とは逆に、互いに似ていないがゆえに生じる連帯、互いにないものを補完しあうことから生じる連帯である。それはまさに分業が進展した社会において優勢となる連帯であり、有機的連帯が優位する社会は「組織的社会」とよばれる。また、このように社会の諸部分や個々人が異なっていることを基本とした社会は、刑法よりも民法や商法など、壊された事物や関係を壊される前の状態に回復させる種類の法（復原的法）が発達する傾向がある。刑法が優位する社会が、個々人を共同意識へとつなぎとめようとする力（求心的な力）が優勢な社会だとすれば、復原的法が優位する社会は、共同意識を脱して周辺へと拡散しようとする力（遠心的な力）が優勢な社会である。しかし、分業が進展した社会では連帯が弱まるというわけではない。デュルケムによると、むしろ有機的連帯は、機械的連帯よりも強力な連帯を生み出すものである。分化した社会の諸部分や諸個人は、自分の生活が他者の働きに依存していること、自分が社会の有機的な関係の中に位置づいていることを知り、そして、そこから個々人にこの有機的な全体に対するある種の責務の感覚と愛着の感覚とが生じるのである。

さて、分業が進展することは、社会的連帯のあり方が機械的連帯から有機的

連帯へと移行することを意味するが、機械的連帯が完全に消滅するわけではない。社会の構成員の間の同質性や共同意識が完全になくなった状態や、刑法がない状態を想像するのは困難だし、そうした状態はもはや社会ではない。バスケのチームのメンバー同士は、同じチームのメンバーであることで結束するのと同時に、それぞれ異なるポジションを担うことから生じる信頼感や責任感を通じても結束する。社会もまた、機械的連帯と有機的連帯の両方によって維持されているのである。

とはいえ、機械的連帯（環節的な構造）と有機的連帯（組織的な構造）は、互いに排除しあう関係にある。どちらかの連帯が強化されるとき、不可避的に他方は後退せざるをえないのである。そして、一般にそうした社会構造の組み替え過程には、道徳的不安定さという危機が伴う。デュルケムによると、有機的連帯が生み出すはずの道徳も、実際には十分に実現されているわけではない。分業（差異化）の進展は、〈どれほど差異化しても、人間は個人的人格をもっている〉という事実に基づいた「個人的人格の崇拝」という新たな道徳を生み出してはいる。しかし、個人的人格の崇拝もまた、個人的人格が社会に優越し社会を越え出るようなものとして考えられているならば、社会統合の原理にはなりえない。それゆえデュルケムは、旧来の共同意識が単に衰退するだけでなく、そうした新たな道徳が、新たな共同意識として形成されることこそが重要だと考えるのである。

ところで、なぜ社会は分業化してきたのか。商品の生産効率を上げてより豊かになろうと人びとが分業を推進してきたから、と考えることもできよう。しかしデュルケムは、分業化の本当の原因は社会の「密度」と「容積」が高まったことにあると考えた。社会の密度と容積の増大は、同質な諸部分の間での競争を激化させ、全体的に社会を不安定にさせる。分業化とは、そうした〈同質な諸部分による過剰競争〉から〈異質な諸部分による相互依存〉へと、社会自身が自らの構造を組み替える過程なのである。こうした観点からすれば、個々の差異を尊重する「個人主義」の発展は、社会的拘束からの個人の解放というより、むしろ社会の要請なのである。

1．機能主義の原型

1-3. 自殺の社会学

　分業に次いでデュルケムの経験的な分析の対象となったのは自殺であった。自殺はキリスト教社会（それ以外の社会でも）において古来より刑罰の対象であったということからもわかるように、病理的問題という以前に道徳の問題なのである。

　『自殺論』（1897）の出発点は、自殺に関する統計データ、とりわけ「社会的自殺率」であった。社会的自殺率とは、それぞれの社会や集団に固有の自殺者割合である。デュルケムによると、従来の自殺研究は、精神病理、人種や遺伝、宇宙的要因（たとえば気候）などによって自殺を説明しようとするものであったが、そのいずれも社会的自殺率をうまく説明できていない。そこでデュルケムが試みたのは、社会的要因による説明であった。デュルケムは、宗教社会、家族、政治的共同体など、個人を取り巻く「社会的環境」こそが、自殺を惹起あるいは抑止する決定的な要因だと考えたのである。デュルケムはこの観点から自殺統計を分析し、「自己本位的自殺」、「集団本位的自殺」、「アノミー的自殺」という3つの自殺類型を導き出した。

　このうち自己本位的自殺と集団本位的自殺は、社会や集団が適度な強さで統合されていないこと（適度な凝集性が保たれていないこと）によって生じる自殺である。つまり、社会の統合が弱すぎても強すぎても、自殺は増加するのである。前者の場合が自己本位的自殺、後者の場合が集団本位的自殺である。デュルケムによると、近代社会では、集団本位的自殺は軍隊などの特殊な集団に限ってみられるものになっているが、自己本位的自殺は顕著に増加している。近代社会では、伝統的な社会集団が徐々に解体され、個々人はますます個人主義的（自己本位主義的）になり、伝統的な拘束から自由になっていく。しかしそれが行きすぎれば、個人は社会や集団との結びつきを失い、自殺に向かう歯止めを失うことになってしまうのである[1]。

　他方、アノミー的自殺（「アノミー」とは規制の欠けた状態を指す）は、人間の欲望が適切に規制ないし抑制されていないことによって生じる自殺である。しかし、なぜ欲望が抑制されることではなく抑制されないことが自殺の原因になり

うるのか。もっと言えば、なぜ欲望が自殺の原因になりうるのか。それは、欲望というものが、放っておけばどこまでも肥大し、しかもどこまでいっても満たされることがないという性質をもつものであり、それが人間に苦悩をもたらすからである。欲望というものは、それ自体では「苦悩の源泉」でしかないのである (Durkheim 1897＝1985：302)。それゆえ人間が生きていくためには、「苦悩の源泉」たる欲望を適度な範囲に抑制しておくことが必要となる。しかし抑制の仕組みは人間に備わっていない。そこで抑制は個人の外部から加えられるほかないことになる。この外部から加えられる力とは、すなわち社会的規範 (社会的権威) である。人間の欲望は、社会的規範によって規制されることによってはじめて適度な範囲に保たれるのであり、この規制が効かなくなったとき、苦悩と共に自殺が惹起されることになるのである。

　ところでデュルケムによると、自殺の存在それ自体は病理ではない。社会には一定の社会的自殺率があるということからして、科学的には自殺の存在自体は正常な現象とみなされねばならないのである[2]。また、実践的な見地からしても、集団本位主義や自己本位主義それ自体は、どちらも自殺の要因にもなるにせよ、それと同時に社会にとって不可欠な要素でもある。アノミーですら社会の発展過程には不可避的に伴うものであって、単純に撲滅することを目標にできるようなものではないのである。

　しかし、それと自殺が道徳的か否かということとは別問題である。あらゆる社会において自殺は道徳的非難の対象であり、近代社会もその例外ではない。デュルケムによると、近代社会 (分業の進展した社会) においては、「個人的人格の尊重」という道徳が成長してくるが、自殺もまた自分という個人を傷つけるものであることに変わりはない。それゆえに自殺は「反道徳的」と感受されることになるのである。また、デュルケムは、自殺それ自体は病的ではないにせよ、19世紀における自己本位的自殺とアノミー的自殺については、その増加率が過度であり、それゆえ病的であるとする。この病理は、個人ではなく社会の病理であり、したがってこの自殺の過度な増加に対する処方箋は、何らかの形で社会 (構造) にテコ入れするようなものでなければ効果をもたない。またそ

の処方箋は、その原因に即して社会的統合を手当てするようなものでなければならない。しかしデュルケムによると、もはや政治社会（国家）、宗教社会、家族社会は、親密かつ持続的に個人に凝集性を提供できない。そこでデュルケムが提案したのは、「職業集団」の復活であった。職業集団ならば、高度な分業という社会の構造的条件に適合しつつ、親密かつ持続的に個々人を包摂することができる。デュルケムはこの職業集団論を晩年になるにつれ、ますます重視するようになる。

1-4.『宗教生活の原初形態』

　晩年近くになってデュルケムは、道徳とは何かの原理的な把握を求めて、宗教の「原初形態」の分析に、つまり未開社会における最も原初的な宗教の分析に着手した。デュルケムはまず宗教の最大公約数的な定義を、「聖／俗」の区別をもっていること、および「教会」（信仰を共有する集合体、道徳的共同体）が存在することに求める。この規準を満たす宗教の「原初形態」としてデュルケムが分析対象に選んだのは、オーストラリアのトーテミズムであった。

　トーテムとは何か。デュルケムによると、それは第1に、何か聖なるものを表す記号である。換言すれば、それは神の象徴である。第2に、それはトーテムを信仰する各氏族それぞれの「旗」である。換言すれば、それは氏族という社会の象徴である。つまり、トーテムは神の象徴であると同時に社会の象徴である。こうした二重の象徴性というトーテムの特徴から、デュルケムは〈神とは社会である〉という結論を引き出す。ここにデュルケムは社会そのものを「道徳的権威」そのものとして見出すのである。

　これはトーテミズムに限った話ではない。実際、社会はそれ自体が神であるだけでなく、さまざまな聖なる対象を生み出しもしている。デュルケムによると、それはフランス革命の初年に起きたことをみるだけでも明らかである。そこでは本来全く世俗的な事物が世論（社会）によって聖なるものへと変換された。それは「祖国」や「理性」や「自由」といったものであり、これらをめぐってほとんど一種の宗教が打ち立てられたのである。

デュルケムは『自殺論』ののち、宗教の研究に取り組むにしたがって、社会における宗教や「理想」の重要性をますます重視するようになる。デュルケムによると、理想とは単に人間が生きるうえでの精神的な糧であるだけではない。社会が理想を必要とするのである。社会は自ら理想を創造し、それを通じて自らを作り出し、周期的に作りかえる。それゆえ現実社会と理想社会は対置されるものではなく、理想社会は現実社会の一部をなしているのである。

1-5. デュルケムの方法

以上、デュルケムの代表作を概観してきたが、それらはデュルケムが提起した社会学的方法論によって導かれている。デュルケムは道徳の科学としての社会学を打ちたてようとしたが、そのためには、その科学性を担保する科学的な方法が必要とされるのである。次にこの方法論を概観しておこう。

1-5-1. 社会的事実

ある科学が科学として発展していくためには、その科学独自の対象が何であるかが特定されねばならない。なぜなら、対象が何であるかが特定されていなければ、対象に関する知識を蓄積することができず、科学として発展しえないからである。では、社会学の対象とは何か。デュルケムは、それは「社会的事実」だとした。「社会的事実」は、次のふたつの性質によって特徴づけられる。

第1に、社会的事実は個人の外部に存在する。それが意味しているのは、個人が生まれる前から（そして死んだ後も）社会は存在する、ということだけではなく、〈社会とは個人の集合以上のものである〉ということである。社会的なものは、個人的なものの寄り集まりとは異なる別の何かである。全体は部分の総和以上のものなのである。全体を部分の総和以上のものにさせているのは、諸部分（諸要素）の「結合」作用である。有機的な生体が無機的な諸分子の結合から生じるように、諸要素は結合によって新たな性質を獲得する。それと同様に社会（的事実）は、諸個人の結合によって新たな属性を獲得し、個人とは異なる水準に形成された「一種独特の実在」なのである。なお、このように社会的事実は個人的事実とは事実としての水準が違うということは、社会（的事

実）は個人的事実によっては正しく説明されえないということを意味する。ある社会的事実の原因や機能は、個人的事実ではなく、他の社会的事実を引き合いに出すことによってしか適切に説明されえないのである。

　第2に、社会的事実は、個人に対して拘束力をもつ。社会的事実は、外部から個人にかかるある種の〈力〉なのである。個人にとって、この拘束力は普段は必ずしも感じられない。しかし、個人の行為がその〈力〉に抵触するものであったとき、その〈力〉の存在が明らかになる。というのも、その〈力〉が、直ちに個人をあるべき方向へと押し返そうとするからである。そのようにして、この力は外側から個人を意のままに形成し、陶冶する。この拘束力とは、すなわち「道徳的権威」に他ならない。デュルケムにとって、この外部的拘束力という手がかりを通じて道徳的権威の成り立ちを探求することこそ、社会学の目的なのである。

　こうして社会的事実が社会学の対象とされたが、デュルケムは、社会的事実を観察するにあたっての規準も定めている。それは、〈社会的事実は、物のように観察されなければならない〉というものである。デュルケムは、厳密な自然科学がその対象（＝物）を観察するときと全く同じ態度で、社会学もその対象（＝社会的事実）を観察せねばならないと主張する。自然科学が綿密な観察の地道な蓄積によってのみ対象の性質を明らかにできるのと同様に、個々の社会的事実の性質もまた、先入見や常識を排除した綿密かつ地道な観察の蓄積によってのみ、明らかにすることができるのである。

1-5-2. 機能概念

　さて、デュルケムにおいて「機能」概念は、社会的事実を説明するに当たっての方法規準のひとつと位置づけられる。デュルケムは、〈社会的事実は他の社会的事実によって説明されねばならない〉という説明の規準を設けていたが、これに加えて、社会的事実の説明にあたっては次のふたつが注意深く区別されねばならないとする。すなわち、①ある社会的事実がどのようにして生み出されたのかという原因についての説明、そして②その社会的事実が何に役立っているのかについての説明、である。デュルケムは、もしこれらを混同する

と当の事実の原因と存在理由とを正しく評価することができなくなるとする。

機能概念は上記のうち②にかかわるものである。ある事実が（結果的に）何かの役に立っている場合、それがある事実の「機能」とよばれる。このとき、機能は意図されたものであるかどうかとは関係なく作用する社会的働きをとらえる概念である。こうして上記のふたつの説明を峻別する必要性から、機能という概念が導入されたのである。

デュルケムは上記の説明のふたつの区別のうち、原因の分析が機能の分析に先立って行われるべきとし、また原因の分析を機能の分析よりも重視した。デュルケムによると、ある社会的事実はある特定の社会的原因に対応する結果として存在するものであり、その社会的原因が何であるかを説明できれば、それが果たしている機能が何であるかも概ね説明したことになるからである。したがって、デュルケムは機能概念を重視するものの、特段に機能概念を前面に押し出して「機能主義」という看板を掲げたわけではない。しかし、機能に関する次のようなデュルケムの議論は、後の「機能主義」の形成に大きな示唆を与えた。

第1に、ある社会的事実の機能は、どのような個人的諸欲求に応えているかではなく、どのような「社会的有機体の一般的諸欲求」[3] に応えているかという観点で考えられねばならない（Durkheim 1895＝1978：196）。機能概念は全体社会レベルにかかわるものであって、個人レベルにかかわるものではないのである。もちろん、ある社会的事実の機能が個人にとっても役立つことはある。しかし、だからといってそれはその社会的事実の存在理由をなしているわけではない。すでに述べたように、社会的事実を個人的事実から説明することはできない。それと同様に社会的事実の機能もまた、どのような全体社会レベルの目的に役立っているかという観点からしか明らかにできないのである。

第2に、個々の社会的諸現象（諸機能）がバラバラに分析されるだけでは十分ではなく、社会生活の素材をなす諸現象（諸機能）相互の関係が考察されねばならない。その際、それらが互いに調和しているとは限らない。それらがどのような仕方で調和し、また競合しているのか、そして、それによって社会が

1．機能主義の原型

社会それ自体と社会の外部環境に対して自らをどのように調和させているのかが考察されねばならないのである。

社会的機能に関するこうした観点が、〈全体は部分の総和以上のものである〉という観点（システム理論的観点）と共に、機能主義の原型をなしている。上述のようにデュルケム自身は機能概念を前面に押し出して「機能主義」を唱えたわけではない。デュルケムの方法を特に機能という点に着目しながら継承し、「機能主義」とよばれる方法へと展開したのは、20世紀初頭のマリノフスキー、ラドクリフ＝ブラウンといった社会人類学者であった。彼らは機能を〈全体に対して諸部分が為す貢献〉と考え、基本的にはあらゆる慣習や現象がこの観点から分析されうると考えた。これが機能主義とよばれることになるのである。

この人類学的機能主義は、20世紀半ばにパーソンズやマートンによって社会学に逆輸入されることになる。しかし、人類学的機能主義がそのまま社会学で利用されたわけではない。機能主義は、パーソンズらによって社会学的に独自の展開を遂げることになるのである。

[注]
1) デュルケムは、単に個々人の結束の強さが自殺に影響すると考えるだけでなく、個人の中にどれほど深く社会が浸透しているかということが重要だとしている。個人の中に社会が深く浸透していればいるほど、個人は社会のあり方を敏感に感受することになる。デュルケムはこれを「社会的原因の個人内部への延長」とよんでいる（Durkheim 1897＝1985：360）。デュルケムによると、自己本位的自殺が特に「成年に達した文明人」に多い理由は、文明人の精神には諸々の社会的な観念や文化が深く浸透しているがゆえに、〈外なる社会〉が活力を失ったとき、その影響を直接受けて、彼の〈内なる社会〉もまた活力を失うことになるからなのである（Durkheim 1897＝1985：252-255）。
2) デュルケムは、正常と異常（病的）の区別は、相対的なものであると考え、あくまでもある社会類型の中での平均的なものを正常、平均から（大きく）はずれるものを異常（病的）とよんでいる（Durkheim 1895＝1978：第3章）。
3) 社会的有機体とは、社会を一個の有機体に見立てたものであり、有機体と同様に社会もまた分化した諸器官の協同によって生命を維持しているという見方に基づいている。

[引用・参考文献]
Durkheim, Émile, 1893, *De la division du travail social.*（＝1971，田原音和訳『社会分業論』青木書店.）
―――, 1895, *Les Règles de la Méthode Sociologique.*（＝1978，宮島喬訳『社会学的方法の基準』岩波書店.）
―――, 1897, *Le Suicide.*（＝1985，宮島喬訳『自殺論』中公文庫.）
―――, 1912, *Les formes élémentaires de la vie religieuse.*（＝1975，古野清人訳『宗教生活の原初形態』（上・下）岩波書店.）

ブックガイド

Durkheim, Émile, 1950, *Leçons de sociologie.*（＝1974，宮島喬・川喜多喬訳『社会学講義』みすず書房.）：本書はデュルケムが国家論を論じた講義録であり、彼の死後の1950年に出版された。上にあげた4冊においては、まとまった形で国家が論じられることがなかったため、本書の出版はデュルケム解釈に新たな光を投げかけることとなり、1970年代以降、「デュルケム・ルネサンス」とよばれる潮流を生み出した。

中島道男，2001，『エミール・デュルケム――社会の道徳的再建と社会学――』東信堂．：本書は、上記の「デュルケム・ルネサンス」をふまえた、コンパクトな概説書となっている。

2．機能主義の展開（1）：T.パーソンズ

2-1．秩序はいかにして可能か

　機能主義を社会学的に展開し、社会学に根づかせた第一人者は、タルコット・パーソンズ（Talcott Parsons 1902-79）である。しかしパーソンズの社会学史上の功績は、機能主義を展開したという点にとどまるものではない。パーソンズは、社会をシステム理論的に考察する仕方を本格的に展開した第一人者でもある。パーソンズは、システム理論と機能主義を合わせた理論を展開し、それによって社会学の理論的水準を大幅に引き上げたのである。パーソンズ理論は多くの賛同者を得ると同時に多くの批判者をも生み出したが、そのこと自体が、パーソンズ理論の影響力の大きさを物語っている。

　パーソンズの特徴は、「一般理論」を志向したことにある。デュルケムやヴェーバーやジンメルが社会学独自の対象や方法を見出そうとしたのに対して、

パーソンズは、むしろ、社会学と、経済学、心理学などの隣接する諸領域を、さらには生物学や情報理論といった諸領域を行為科学に「収斂」させる（ひとつにまとめる）方向での理論的発展を目指し、それによって従来にない包括的な理論を構築した。
　そうしたパーソンズの理論は、「秩序はいかにして可能か」という問いに導かれている。この問いは、〈独立した平等な人間が、それぞれの自己利益を追求するものだとすれば、万人の万人に対する闘争に至るほかなくなる〉としたホッブズに由来するもので、「(ホッブズ的)秩序問題」とよばれる。パーソンズはこの問いに対して、人びとが社会的な価値を共有することによって社会統合が可能となり、社会秩序がもたらされるという回答を与えた。この社会統合を可能にさせる共有価値の重視ということが、パーソンズ理論の顕著な特徴をなしている。
　パーソンズ理論の展開は、大まかには初期、中期、後期の3つの時期に分けることができる。以下、順に見ていこう。

2-2. 初期パーソンズ：主意主義的行為理論

　パーソンズは、初期の代表作『社会的行為の構造』(1937) において、社会学的思考の二大潮流である理念主義と実証主義との収斂を主題とした。理念主義は、行為を主観的意味づけに関連づける思考の伝統、実証主義は行為の客観的条件を重視する思考の伝統を指す。パーソンズによると、前者はヴェーバーによって、後者はデュルケムによってそれぞれ頂点に達し、まさにその地点において理念主義は行為の客観的諸条件（実証主義的側面）を顧慮する必要を知り、実証主義は行為の主観的側面（理念主義的側面）を顧慮する必要を知ることになる。要するにパーソンズは、ヴェーバーとデュルケムとに収斂を読み込むことを通じて、両者を統合した行為理論を構築しようというのである。
　こうした観点からパーソンズは、目的－手段図式（行為における目的とそれを達成する手段とに着目した理論図式）をベースにしながら、行為を、次の4つの要素からなるものとして定式化する。すなわち、①行為者、②目的、③状況（手段

／条件）、④規範的志向である。パーソンズによると、これらの4つの要素が特定されない限り、行為を行為として有意味に理解することは不可能である。逆に言えば、これら4つの要素が同時に生起するときに行為（社会的行為）となる。そして、行為システムは、そうした個々の行為が集まって形成される。行為は行為システムの構成単位であるという意味で、パーソンズはこれを「単位行為（ユニット・アクト）」と名づけた。

　この定式化には、行為の主観的な要素と、行為を条件づける客観的要素の両方が含まれている。第1に、行為は、その行為の帰属先として行為者を必要とする（①）。このとき行為者とは人間の有機的側面を含まない自我ないし自己を指し、有機的側面は状況に属する事項と考えられる。第2に、行為には何らかの目的が伴う（②）。換言すれば、行為には、そこに行為者の目的を読み込み得るような、行為者による何らかの意味づけが伴う。第3に、行為は真空に生じることはできず、具体的な何らかの状況のもとに生じる（③）。このとき、行為者の置かれた状況の中で行為者にとってコントロール可能なものは「手段」であり、コントロール不可能なものは端的に「条件」となるのである。

　そして第4に、行為者の目的とその目的のために取られる手段は任意に選択されるのではなく、規範的志向によってタガを嵌められている（④）。ここでパーソンズが重視する規範は「道徳的規範」である。というのも、たとえば「効率的であれ」というのもまた規範であるが（「合理性の準則」とよばれる）、それは必ずしも社会秩序を担保しないからである。道徳的規範とは、いわば効率性の規範が行きすぎることに対して制限を加えるような規範であり、それゆえパーソンズはこれを社会秩序の重要な要素のひとつと位置づける。

　こうしてパーソンズは、目的－手段図式をベースとしながら、そこに規範という要素を折り込むことによって、社会秩序の成立条件を折り込んだ行為理論を構想した。パーソンズによると、行為の主体性は、行為の要素として諸々の規範が存在することによってはじめて可能になるものであり、また諸々の諸条件が存在する中でこそ成立するものである。パーソンズは、このように規範との関連において行為の主体性ないし自発性をとらえ、これを「主意主義

2．機能主義の展開（1）　　139

voluntarism」とよび、自らの行為理論を「主意主義的行為理論」とよぶ。

　ところで、目的と手段は相対的なものである。つまり、ある目的は、より上位の目的からみれば手段となる。そうすると、〈目的の目的の目的の……〉という具合に目的−手段の連鎖を昇っていくと、もはや他の目的のための手段とはならないような最上位の目的である「究極的目的」が想定されることになる。もし、この究極的目的が人間の数だけ存在し社会的に全く共有されていないとすれば、人びとはバラバラに自分にとっての究極的目的だけを追求するであろうし、ものごとの軽重をはかることもできないはずである。しかし現実はそうなってはいない。それは、社会の構成員の間で何らかの究極的目的（または究極的価値）が多少なりとも共有されているということを意味する。そして社会秩序は、この共有された究極的価値に対して行為者が尊敬の態度をもっているかどうかにかかってくるのである。

　さて、以上のような初期パーソンズの行為理論は、次のような課題を残すことになった。第1は、目的−手段図式をベースにしていることから、人間の感情的側面を必ずしも十分に理論の中に位置づけられなかったということである。上述のように、パーソンズは社会秩序にとって究極的価値に対する尊敬（という感情）が決定的に重要であるとしたが、そうした尊敬という感情も、目的−手段という図式の中には必ずしも収まりきらないものである。第2の課題は、目的−手段図式は、行為者の主観的な意図を理論に組み込んではいるが、行為者の非意図的（無自覚的）行為や、行為の「意図せざる結果」を十分に取り扱うことができないということである。次に見る中期パーソンズでは、こうした課題をクリアすることが目指されるのである。

2-3. 中期パーソンズ：構造−機能分析とパターン変数

　中期のパーソンズは、秩序をシステムの均衡としてとらえる観点に移行する。ここではシステムとしての行為や社会において結果的に（個々人の主観的意図とは別に）一定の秩序が達成されているそのメカニズムを分析することが目指される。かかる観点からすると、社会秩序とは〈行為システムが一定のパター

ンを維持しながら均衡を保っている状態〉であると読み替えられる。それゆえここでは、「秩序はいかにして可能か」という問いは、システムがもつ一定のパターンをどのように特定し記述するか、そしてそのパターンが維持されるメカニズムやプロセスをどのように評価するか、といった問いの形をとることになる。こうした問いに答えるためにパーソンズが提出した道具立てが「構造-機能分析 structural-functional analysis」と「パターン変数 pattern variables」であった（Parsons 1951＝1974）。

構造-機能分析（構造-機能主義）とは、まずシステムの構造が何であるかをとらえ、次にその構造が維持される過程やメカニズムを分析する、という方法である。ここで構造とは、システム内で相対的に安定した（変化の少ない）諸変数のこと、要するに〈くり返される行為の型（パターン）〉のことを指す。構造-機能分析は、システムの中で一定の恒常性を保ち、システムのパターンを形作っている諸要素を、システムの構造として括りだすことから出発するのである。構造-機能分析は、そうして析出された構造をシステムの定数とみなし、それ以外の変数——動的な諸要素（諸現象）——を、この構造との関連において分析・評価するという仕方をとる。

ここで諸々の現象を分析・評価する観点として、機能概念が導入される。すなわち、諸々の出来事や行為が、システムの構造の維持ないし発展に貢献するものであるか、それともシステムにとって破壊的に作用するものであるのかという観点から解釈され評価されることになるわけである。貢献的である場合は機能的、そうでない場合は逆機能的とよばれる。構造-機能分析のこの局面は機能分析とよばれるが、それは社会過程の分析に他ならない。

システムの構造（＝くり返される行為の型）をとらえるためにパーソンズが用意した道具立てがパターン変数である。これは、次の5項目の選択肢セットからなるものであり、それぞれの項目でどのような選択がなされる傾向があるかをとらえることによって、システムの構造を記述しようというものである（Parsons 1951＝1974：64-73）。

① 「感情性／感情中立性」——自分の欲求を即時的に充足させるか、それとも

何らかの目的のためにそれを放棄するかという選択。
② 「集合体志向／自己志向」——集合体の規範を優先するか、それとも自分の私的な関心を優先するかという選択。
③ 「普遍主義／個別主義」——状況を偏りのない構えで認識するか、それとも自分にとっての特別な関係に即して認識するかという選択。
④ 「業績本位／所属本位」——行為者を、何を成し遂げたかで評価するか、それともどこの誰であるかで評価するかという選択。
⑤ 「限定性／非限定性」——相手方の特定の側面に関心を向けるか、それとも全体に関心を向けるかという選択。

　パターン変数は、行為の背後にある文化の型（価値パターン）であり、いわばシステムがどのような価値観でまわっているかをとらえるための道具立てである。例として、近代の医療システム（医師の行為）の型をみてみよう（Parsons, 1951＝1974：第Ⅹ章）。①まず医師は、患者に対して「感情中立的」であり、また②自分のためにではなく、患者やひいては社会のために働くという意味で「集合体志向」である。③そして医師は個人的な思い込みではなく科学的な知識に沿って治療にあたるゆえに「普遍主義的」であり、④また所属によってではなく業績によって評価されるゆえに「業績本位」である。最後に、⑤医師は、治療に関係のないことについて患者を詮索したりはしない。つまり医師は患者の人間としてのあらゆる側面に関心を向けるわけではなく、あくまで治療に関わる範囲の事柄だけに関心を向けるという点で「限定的」である。このように、5つの変数がそれぞれどのような値を取るかによって、諸々のシステムや社会を類型的にとらえ、またそれらを比較することが可能となるというわけである。

　ところで、文化的価値パターンが実際に人びとの行為を方向づけることができているのは、文化的価値パターンが社会システム（＝役割の構造）に「制度化」され、さらにはパーソナリティに「内面化」されることを通じてである。文化、社会システム、パーソナリティという行為の3つの下位システムが相互に浸透しあい、統合されることによって社会秩序は安定化するのである[1]。パー

ソンズはこれを「制度的統合」とよぶ。こうして、中期においても、〈社会構成員が価値パターンを共有することによって社会秩序が可能となる〉という初期以来の基本路線が維持されているといえよう。

2-4. 後期パーソンズ：AGIL図式
2-4-1. システム問題

　構造－機能分析は、パーソンズにとって不満の残るものであった。構造－機能分析で中心となるのは構造分析であり、過程分析は副次的な位置づけにとどまる。構造－機能分析は、動態の説明に弱いのである。さらに、パーソンズのみるところ、構造概念に対置されるのは機能ではなく「過程」概念であり、機能概念は構造概念と過程概念の上位に位置する概念というべきであって、したがって構造－機能分析という枠組みは、機能概念を主軸として組み直されねばならないのである。

　そのブレイクスルーのきっかけとなったのは、パーソンズの弟子でもあるロバート・ベイルズの次のような小集団研究である。ベイルズは、何らかの課題を与えられた集団は次の4つの機能的問題を解決しながら活動していることを明らかにした。すなわち、①集団の外的な状況への適応（適応的次元）、②集団メンバーの欲求を実現する道具的活動（道具的次元）、③集団メンバーの統合（統合的次元）、④状況の変化によって生じる緊張の表出（表出的次元）、である。ベイルズによると、集団は常にこれら4つの機能的問題に直面しており、集団の活動は上記の各問題を順次解決していくというプロセスをたどる。システムには、その存続のために解決せねばならない4つの「システム問題」があるというわけである。

　パーソンズとベイルズは共同して、この4つのシステム問題＝機能問題を、「適応 Adaptation」、「目標達成 Goal attainment」、「統合 Integration」、「潜在性 Latency」と再定式化し、その頭文字からこれを「AGIL図式」とよんだ（Parsons, 1953）。このときパーソンズは、パターン変数を機能に即して（機能の類型化のために）再整理し、これをベイルズの図式と統合させた。それゆえ

2．機能主義の展開（1）　　143

AGIL図式は、全く新たに構想された図式というわけではなく、パターン変数の「衣替え」という性格をもっている。

　AGIL図式の骨子は、システム問題すなわちシステムの存続維持のためにシステムが解決しなければならない問題を4つに整理したこと、換言すれば、システムが満たさねばならない「機能的要件」を4つに整理したこと、そしてシステム内部で、それら4つの機能的問題に対応すべく4つの下位システムが形成されると想定することにある。それゆえAGIL図式は、社会過程図式であり、機能要件図式であり、システム分化図式である。以下、パーソンズの中心的な準拠点であった行為システムと社会システムに即して各機能（「次元」とよばれる）を概観しておこう（図4-1）。

　第1に、適応の次元とは、システムの外的環境への適応を指す。さしあたりシステムは、自らにとっての外部環境が何であるかを知り、その外部環境と自らを関係づけ、外部環境に働きかける手段を備えていなければならない。この機能を担うのは、行為システムでは「行動有機体」（後に有機体的側面を排除して「行動システム」と改められる）、社会システムでは経済とされる。

　第2に、目標達成の次元とは、現にシステムにとっての充足状態が達成されていることを指す。システムが利用可能な諸々の手段を動員することによって、システムはそのつどの充足状態を達成せねばならない。この機能を担うのは、行為システムではパーソナリティ、社会システムでは政治とされる。

　第3に、統合の次元は、システム内部でシステムの構成要素がバラバラになったり撹乱されたりすることに対する抑制のメカニズムが機能していることを意味する。この機能を担うのは、行為システムでは社会システム、社会システムでは「社会的コミュニティ societal community」とされる。

文化システム(L)	信託システム(I)	社会的共同体(i)
	─── 社会システム(I) ───	
	経済(a)	政治(g)
行動有機体(A)	パーソナリティ(G)	

図4-1　行為システムと社会システムの下位システム

　第4に、潜在性（または「潜在的パターンの維持および緊張管理」）

の次元とは、現在において現実化されたり利用されたりしているわけではないパターンを保持しておくことを指す。この機能を担うのは、行為システムでは文化システム、社会システムでは「信託システム fiduciary system」とされる。

こうした4つのシステム問題＝機能問題に対応して、システムは機能的に分化し、4つの下位システムが形成される。このことは、図4-1のようにAGIL図式が「入れ子状」の図式となることを意味する。つまり、あるシステムは4つの下位システムからなり、その下位システムもまた、それぞれ4つのさらなる下位システムからなり、さらにまたその下位システムも……、といった具合にである。この特徴ゆえにAGIL図式は、同じ分析形式で、マクロからミクロまで広範な領域をカバーしつつ、対象となるシステムを階層的に整理して分析・解釈することを可能にする一般的図式となることができる。それゆえ、分析者はシステムの階層の違い、つまり自分がどのレベルのシステムに言及しているのかということ（「システム準拠」）に常に注意を払うことが必要となる。また、AGIL図式による分析は、そうした「入れ子状」になっている各レベルの各機能要件＝各下位システムに、具体的な事柄としてそれぞれ何が「当てはまる」かを探索する、という形をとる。AGILはあくまで現実を意味づけたり評価したりするための図式（道具）であって、AGILの各セルに具体的に何が当てはまるかは自明でもなければ不変でもないのである。

2-4-2. システム間関係

AGIL図式の本領は、しかし、システムの腑分けにあるのではなく、分化した下位システム間の相互関係の分析にある。パーソンズはシステム間関係をいくつかの仕方で論じているが、その中心をなすのは、入出力とシンボリック・メディア、そしてサイバネティクス的制御である。

第1に、機能的に分化した下位システムは、各々が自らの生産物を他のシステムに出力（アウトプット）し、同時に他のシステムの生産物を入力（インプット）として受け取る。ここで生産物とは、要するに各システムが担う機能的問題を解決したその諸結果のことである。ただしそれらの諸「解決」は最終的解決ではない。それは常に暫時的なものでしかありえない。しかもあるシステムにとっての生産物（解決）を

出力することは、他のシステムにとっては新たな問題が入力されることでもありうる。各システムは、そうして自らの作動の諸条件を相互に不断に供給しあいながら、上位システムの維持に向かって作動しているわけである。

では、この入力や出力はどのようになされているのか。それは無規定にあるシステムから流出し他のシステムに流入するわけではない。パーソンズによると入出力は、その過程を媒介かつ制御する媒体（メディア）を通じて行われている。システム間の相互交換過程はこの媒体によって、何が・どこに・どのように入力され出力されるのかを水路づけられているのである。パーソンズはこうした機能を果たす媒体を「シンボリックに一般化された交換メディア」（シンボリック・メディア）とよぶ。

シンボリック・メディアはひとつではない。各システムは自らが担う機能的問題に即して、固有のメディアをそれぞれに有している。社会システムについてみるならば、経済では「貨幣」、政治では「権力」、社会的コミュニティでは「影響力」、信託システムでは「価値コミットメント」というメディアが、それぞれ発達している（Parsons 1956＝1958/59；Parsons 1969＝1973/74）。そして社会システム内の相互交換は、この４つのメディアによって媒介・制御されているわけである。このとき、たとえば、政治システムと経済システムとの間には、権力を媒介とする入力と出力があり、貨幣を媒介とする入力と出力がある。つまり、そこには一対ではなく二対の相互交換（「二重の相互交換」）が存在することになる。こうした二重の相互交換がすべての下位システム間に存在していると想定して、これを索出・分析することがシンボリック・メディア論の本分をなす。

ところでパーソンズは、社会システムのみならず、あらゆるシステムが固有のメディアを有していると想定するが、シンボリック・メディア論が最初に適用されたのは、社会システムの各下位システムについてであった。社会システムにおいて最初に、かつ最も詳細にシンボリック・メディア論が展開されえたのは、すでに経済学において研究の蓄積のある貨幣という媒体をシンボリック・メディアのモデルとして利用することができたからに他ならない。パーソ

ンズは貨幣をモデルとして、権力、影響力、価値コミットメントというメディアを構想したのである。そうすることによって、たとえば、従来もっぱら「強制力」によって定義されてきた権力という現象を、むしろ合意の形成や正統性の形成を媒介するものとして、全く新たな観点からとらえ直すことが可能となった。こうしたことには、理論的に大きな意義がある。重要なのは、経済をモデルとしていることではない。そうではなく、政治、経済など、領域を異にする諸現象が、それにもかかわらずひとつの図式に収められ、同じ形式で分析されるという点に、シンボリック・メディア論を含めてAGIL図式の大きな意義があるのである。

　第2に、システム間関係は、「サイバネティクス的制御」の関係にあると想定される。サイバネティクスとは、制御工学の理論であり、〈情報量が多くエネルギーの少ない部分が、情報量が少なくエネルギーの多い部分を制御する〉という制御観を指す。パーソンズはこのサイバネティクス的制御図式をAGILの各システム間の関係に適用し、情報量が最も多い（エネルギーが少ない）のがL次元であり、I次元、G次元、A次元の順に情報量は減じる（エネルギーが多い）とする。つまり、〈L→I→G→A〉という制御関係があるというわけである。これを社会システムでいえば、〈信託システム→社会的コミュニティ→政治システム→経済システム〉という制御関係となる。また行為システムでいえば、〈文化システム→社会システム→パーソナリティ・システム→行動有機体〉という制御関係があると想定されるわけである。こうしてここにも初期以来の〈文化による行為の制御〉というモチーフが貫かれているといえよう。

2-5. 変動はいかにして可能か

　パーソンズ理論は、諸々の社会的事象がたどる過程を、基本的にシステム（構造）維持の観点から説明する。その意味で、過程とはシステム維持に向かう社会的コントロールの過程のことである。しかしながら、そのようにしてシステムを本来的に均衡に向かうものとしてとらえている以上、システムそのもの（構造そのもの）が変化するような事態（構造変動）をパーソンズ理論では解釈で

きないのではないか、システムが均衡する過程ではなくシステムの構造そのものが変動する過程をパーソンズ理論は説明できないのではないか、という問いが生じる。「秩序はいかにして可能か」という問いに答えようとすることが、「ならば変動はいかにして可能なのか」という理論的課題を引き寄せるわけである。そうしたシステムの変動についての説明力は、パーソンズ理論のアキレス腱とみなされてきた。

　AGIL図式はこの問題に一定の回答を示すものであった。パーソンズによると、システムは、①分化、②適応的上昇、③包摂、④価値の一般化、という4つの局面を経て変動する。すなわち、①システムは、外的な環境の変化に適応するために内部分化を起こす。次に、②それによって環境に対する新たな適応様式を我がものとする。さらに、③分化したシステムの構成要素がバラバラにならないように統合が働く。最後に、④システムのその新たな状態が正統性を獲得することで、新たな均衡が完成する。パーソンズによると、システムは、上記プロセスを1サイクルとして進化的な変動をくり返す。この①～④の各局面は、それぞれA・G・I・Lに対応していると考えられる。要するにシステムは〈A→G→I→L〉の順に変動するというわけである。

　こうしたAGIL図式による変動論は、進化論的変動論といえる。すなわち、この変動図式は、変動のさまざまなケースの中でも、〈システムが環境に対する適応力を高めながら進化する〉という、変動の一特殊ケースの説明に照準したものなのである。その意味では、AGIL図式による変動論は、変動をいかにとらえるかという一般的問題に対する部分的な回答であるにとどまる。それゆえ、敢えて言うなれば、〈AGIL図式では分化する4つの機能システムが特定されているがゆえに、想定される進化の軌道もまた決まってしまっている〉という点に、AGIL図式による変動論の、あるいはAGIL図式そのものの一定の限界を見て取ることができるのである。

　ただし、ここでAGIL図式があくまで諸現象を認識し分析するための図式であるということが想起されねばならない。現実は何らかの観点（枠組み、図式）が存在することによって、はじめて観察可能となる。パーソンズの提示してき

た諸図式は、諸々の現象を有意味に解釈するための枠組みであり、その枠組みがなければ見えなかったかもしれない事柄や問題や理論的課題を探索するためのものなのである。したがって、上記のような進化論的変動論もまた、システムがたどる過程のモデル（理念型）として利用すること——現実をそのモデルとのズレによって把握すること、現実把握のひとつの基準とすること——は、なお可能であり、もとよりそうしたものとして構想されているのである。

[注]
1) 中期パーソンズは構造－機能主義とパターン変数に尽きるものではなく、文化、社会システム、パーソナリティという行為の３つの下位システムの関係づけを通じて、さまざまなテーマが議論されている。たとえば、価値パターンのパーソナリティへの内面化としての子どもの社会化過程が論じられ、そこから母子関係や家族構造の分析や、動機づけと逸脱行動の分析が展開される、といった具合である。また、中期においては、初期の目的－手段的図式では十分に分析されていなかった、行為の感情的側面が詳細に分析され、理論体系に組み込まれていることも重要である。

[引用・参考文献]

Parsons, Talcott, 1937, *The Structure of Social Action: A Study in Social Theory with Special Reference to a Group of Recent European Writers*, McGraw-Hill. (＝1974-89, 稲上毅・厚東洋輔・溝部明男訳『社会的行為の構造』（全５巻）木鐸社.)

――――, 1951, *The Social System*, Free Press. (＝1974, 佐藤勉訳『社会体系論』青木書店.)

――――, 1953, *Working Papers in Theory of Action* (in collaboration with, Robert F. Bales, Edward A. Shils), Free Press.

――――, 1956, *Economy and Society: A Study in the Integration of Economic and Social Theory* (co-authored with Neil J. Smelser), Routledge and Kegan Paul. (＝1958/59, 富永健一訳『経済と社会』（Ⅰ・Ⅱ）岩波書店.)

――――, 1969, *Politics and Social Structure*, Free Press. (＝1973/74, 新明正道監訳『政治と社会構造』（上・下）誠信書房.)

ブックガイド

高城和義, 2002, 『パーソンズ　医療社会学の構想』岩波書店. ：パーソンズは「医療社会学」の創始者でもある。本書では、パーソンズがどのようにして医療を社会学的に分析する

視角を生み出したかが解説されていると同時に、パーソンズ医療社会学の紹介を通じた、パーソンズ理論全体の紹介にもなっている。

■ 3．機能主義の展開（2）：R.K.マートン ■

3-1．マートンの問題関心：中範囲の理論

　パーソンズと並んで、機能主義の社会学的展開において主要な役割を果たしたのが、ロバート・K・マートン（Robert K. Merton 1910-2003）である。

　マートンは、パーソンズの一番弟子であり、生涯の友人でもあった。しかし両者は理論を展開するにあたっての方針ないし信念を異にしており、それに関連して、方法としての機能主義の展開の方針も、両者の間で異なるものとなっている。すでに見たように、パーソンズは、機能主義としては機能要件論を主軸とし、理論的志向としては包括性・一般性を志向するものであった。それに対して、マートンの理論的方針の背景には次のような認識がある。

　マートンによると、どのような科学も包括的・一般的理論を構築するに至るには、それ相応の時間をかけて確固とした法則的知識を蓄積する以外に道はない。もしそうした発展段階をふまずに一気に一般理論を構築しようとするならば、その一般理論の信憑性は怪しげものにならざるをえない。社会学は一定の発展を遂げてはいるが、物理学などと比べると、創始から日が浅く、確固とした法則的知識の蓄積はいまだ十全とはいえない。そのような段階にある社会学が取り組むべきなのは、したがって、包括的・一般的理論の構築ではない。要するにマートンは、パーソンズのような試みは、社会学には時期尚早だというのである。

　それでは、社会学がとるべき理論的方針とは何か。マートンによると、それは、「中範囲の（諸）理論 theories of middle range」を蓄積すること、つまり〈社会学的調査において用いられる多くの小さな作業仮説と、社会に関する包括的な理論との中間に位置して、両者を媒介するような理論〉を蓄積することである（Merton 1957＝1961：1-8）。

しかし、マートンが中範囲に照準するのは、上述のような消極的な理由からだけではない。中範囲の理論は、一般理論よりも現実に即したものであるだけに、より実践的である。明らかにマートンは、そうした実践性を積極的に志向している。パーソンズが典型的な理論家（パーソンズは自らを「不治の理論病患者」とよんだ）であるならば、マートンはむしろ実践的な社会工学を志向している。つまり、マートンにおいて中範囲という範囲は、実践的に社会工学的な効果を及ぼしうる範囲として、積極的に志向されている範囲でもあるのである。

3-2. 中範囲の理論の例：「中範囲」とはどのくらいの範囲か

　では、具体的に「中範囲」とはどのくらいの範囲を指すのか。マートンはその範囲を区切る客観的な基準を示してはいない。また、対象となる社会的現象が決まっているわけでもない。マートン自身、さまざまな領域に言及している。以下、そうした中からマートンによる中範囲の理論の代表的な例を概観しておこう。

3-2-1. 逸脱行動・アノミー論

　中範囲の理論の1つ目の代表例は、逸脱行動およびアノミーに関するものである（Merton 1957＝1961：第4章-5章）。

　マートンの見るところ、社会構造のさまざまな要素のうち、逸脱行動に直接関係している要素は、①その社会において文化的に推奨される目標、②この目標を実現するための手段の選択を規制する制度的規範、のふたつである。マートンによると、行為者にとって①②共に受容可能であるとき、基本的にアノミーは生じず、行為者は逸脱行動へと動機づけられはしない。逆にいえば、行為者にとって①②のいずれかあるいは両方が受容できないものであるとき、つまり①②の間に均衡がとれていないとき、それがアノミーの温床となり、行為者は逸脱へと動機づけられるのである。そこでマートンは、①②それぞれに対して行為者が取りうる態度の組み合わせを列挙することによって、図4-2のような行動類型を示した（図4-2）。

　このような逸脱行動のとらえ方には、さしあたり次のふたつの意義がある。

第1は、それが社会学的であるということである。マートンによると、従来、逸脱行動は精神分析学的な観点から説明されてきた。それによると、〈社会構造や文化は、人間の生得的本能的衝動を抑圧しておくための装置であり、人間がこれに反抗して本能的衝動を発散させようとするのが逸脱行動の原因である〉とされる。そこでは、人間の動機づけは生得的（したがって固定的）なものと想定されており、また社会構造や文化はもっぱら人間を抑圧するものとして想定されている。そうした見方に対して、マートンの観点は、同調行動と逸脱行動を、どちらも個人が置かれている社会的状況に対する「適応」行動であるとするものであり、また同調も逸脱も、その原因は社会構造にあるとするものである。マートンによると、人間の動機づけは生得的に固定されているのではなく、社会構造のあり方によって変わる。社会構造は、個人に対してもっぱら抑圧的に作用するだけのものではなく、個人に新たな動機づけを与えもする。それゆえ、社会構造の中のどのような位置に置かれるかによって、誰しも同調的にも逸脱的にもなりうるのである。また、社会のどの部分にどのような逸脱類型がみられるかを観察することによって、そこにある構造的ひずみ（緊張）がどのような種類のものであるかを知る手がかりとすることもできるのである。

第2に、中範囲の理論としてのこの逸脱行動論・アノミー論は、より一般的な社会変動論の一部分に位置づけられうるものである。上述のように、逸脱行動やアノミーは、何らかの構造的なアンバランスや、構造的な緊張状態の存在を指し示す現象である。マートンによると、そうした構造的なアンバランスや緊張状態は、社会的な構造変動を促す重要な要因のひとつに他ならない。それゆえ、社会にどのような種類の構造的緊張が存在し、それらがどのようにコントロールされうるものであるのかといった問題は、構造変動論という、より複雑な分析を要する課題に取

適応様式	文化的目標	制度的手段
Ⅰ 同調	＋	＋
Ⅱ 革新	＋	－
Ⅲ 儀礼主義	－	＋
Ⅳ 逃避主義	－	－
Ⅴ 反抗	±	±

（＋は「承認」、－は「拒否」、±は「一般に行われている価値の拒否と新しい価値の代替」を意味する。）

図4-2　個人的適応様式の類型

り組むための戦略的要衝となるものなのである。

3-2-2. 準拠集団論

中範囲の理論のふたつ目の代表例は、個人と集団の関係に関するもので、「準拠集団」論とよばれる (Merton 1957＝1961：第8章-9章)。準拠集団とは、個人が何かを判断したり行動したりするときに、その規準として個人が参照（＝準拠）する集団のことである。集団はそのように個人から参照されることによって、個人の行為や価値観の形成に影響を及ぼしているわけである。

準拠集団論の骨子は、そうした形で個人の行動に影響を与えている集団はひとつでもなければ一種類でもない、という点にある。マートンは準拠集団の分類や個人への影響のさまざまなあり方を分析しているが、とりわけマートンが重視するのは、そのひとが実際に所属している所属集団（のどれか）がそのひとの準拠集団であるとは限らず、実際には所属していない「非所属集団」もまた準拠集団になりうるという点である。マートンによると、この点への着目にこそ、準拠集団論の中心的意義がある。

マートンが、個人が非所属集団を志向するケースを理論的に重視するのは、それが、「予期的社会化」概念を経由して「社会移動」という別の（より一般的な）理論的文脈へとつながっていく論点だからである。予期的社会化（＝先を見越した社会化）とは、個人が現在においては所属してはいない集団に準拠することによって、その集団の規範をあらかじめ身につけることである。人間は通常、所属集団（たとえば家族）によって社会化されるが、準拠集団という観点からするならば、人間は非所属集団によっても社会化されうるわけである。一般的に言えば、予期的社会化は、個人にとっては社会移動（たとえば順調な昇進）をスムーズに達成させるという機能を果たしている。予期的社会化は、個人が将来的にその集団に実際に所属したときに、その集団への適応を容易にさせるものだからである。

しかし、マートンによると、そうした社会移動の過程がどれほど成功裡に達成されうるかは、社会構造が開放的（流動的）なものであるか、それとも閉鎖的（流動性に乏しい）ものであるのかによって変わってくる。社会構造が閉鎖的

なものである場合、個人は自分が所属したいと望む集団に容易には受け入れられないだけでなく、現在の所属集団からも、ある種の裏切り者として排除されてしまう可能性が高くなるであろう。また、社会構造が開放的な場合においても、予期的社会化は、彼の現在の所属集団の規範よりも別の集団の規範を重視しているという事実に変わりはないため、多かれ少なかれ現在の所属集団から、その規範に従わせようとする圧力が働くことになるのである。

　このような、個人の目的意識とそれを達成するにあたっての諸々の社会構造的諸条件に関する分析が、上述の逸脱行動・アノミー論にも関係するものであるのは明らかであろう。そのようにして中範囲の理論は、相互に参照しあい、網の目のように連接されていくことを想定しているのである。

3-3. 人類学的機能主義から社会学的「機能分析」への展開

　中範囲の理論という構想は、個々の中範囲の理論が最終的にはひとつの包括的理論へと体系化されることを想定している。しかし、そのような体系化は、中範囲の理論を量産していけばいずれ自動的に成し遂げられるというものではない。中範囲の諸理論は、互いに参照しあうことを通じて、意識的に体系化していかねばならないのである。そして、中範囲の諸理論が相互に参照しあう際には、研究者によって分析対象がさまざまであったとしても、方法論や解釈枠組みは共有されているほうが望ましい。マートンの見るところ、社会学におけるそうした共通の解釈枠組み、中範囲の諸理論のプラットフォームとしての役割を担いうるものが、機能的方法（マートンの言い方では「機能分析の範例（パラダイム）」に他ならない（Merton 1957＝1961：第1章）。

　以下では、そうした範例を整備しようと試みるマートンの議論の中で、人類学的機能主義に対する批判的検討と、「顕在的機能／潜在的機能」という区別についてみておこう。

3-3-1. 人類学的機能主義の批判的検討

　マートンは、人類学的機能主義が立脚してきた公準を、「社会の機能的統一の公準」、「普遍的機能主義の公準」、「不可欠性の公準」という3つの公準にま

とめ、これらに検討を加えた。

「社会の機能的統一の公準」とは、〈その社会で標準化された社会的および文化的諸項目は、社会全体およびその個々の成員にとって機能的である〉とする公準を指す。

マートンによると、この公準には次のような難点がある。すなわち、さまざまな社会的・文化的項目が社会全体と個々人にとってもっぱら機能的に作用しているかどうかは自明ではない。むしろ、そうした状態は例外的で、人類学者が対象にする未開社会のように高度に統合された社会でのみありうるかもしれない状態にすぎない。実際、高度に分化した近代社会においては、かかる状態は全く当てはまらない。そこでは、ある社会的項目がある集団にとっては機能的でも、他の集団にとってはそうではない（「逆機能」的である）という具合に、利害の衝突があるのがふつうなのである。

したがって、この公準については、次のような変更が必要となる。すなわち、ある機能が常に全体社会を宛先としているという想定を解除して、そのつどその機能の宛先を特定しなければならない。つまり、ある機能が社会のどの部分にとって機能的であり、どの部分にとって逆機能的なのかを、そのつど見極める必要がある。逆にいえば、機能分析の際には、全体社会というひとつの単位だけを考えればよいのではなく、常に社会のどの単位（部分）を規準にして機能（逆機能）を論じているのかを自他に対して明示せねばならないのである。この点はマートンにとって社会学的機能分析の対象が、さしあたり「中範囲」でなければならないことのひとつの論拠をなしているといえよう。

次に、「普遍的機能主義の公準」とは、〈その社会で標準化された社会的文化的諸項目のすべてが積極的機能をもつ〉とするものである。

マートンによると、この公準には索出的（発見的）に利用できるという一定の利点がある。つまり、いったんは、〈一見何の価値もないように見えるものを含めて、社会のすべての項目が何らかの積極的機能を有している〉と想定して社会を観察してみることによって、今まで気づかれなかった機能を索出することができるかもしれないのである。ただし、そうした利点はあくまで方法と

して索出的に利用する場合のものであって、現実にすべてが機能的であるとは限らない。それゆえ、公準として「すべてが機能的である」と断定してしまうならば、それは早計であるといわねばならない。

したがってこの公準に関しては、次のような変更が必要となる。すなわち、す̇べ̇て̇が機能的であるという想定を解除して、プラスの機能とマイナスの機能（逆機能）の混在を前提とした「機能的諸結果の正味の差引勘定」の必要性が想定されねばならない。そう想定することによって、分析者の観点が一面的になってしまう危険性が回避されるわけである。

最後に「不可欠性の公準」とは、〈社会的文化的諸項目のすべてが積極的な機能を果たしていることからして、それらは不可欠である〉とするものである。

この公準の問題点は、ここで不可欠とされているものが、①ある項目が果たしている機能のことなのか、それとも②その項目そのもののことなのかが曖昧なままである点にある。たとえば、「宗教は社会に不可欠である」という場合、それが宗教が果たす機能の不可欠性をいっているのか、宗教というものそれ自体の不可欠性をいっているのかが、曖昧なのである。

そこでこの公準に関しては、この混同を解除し、①②を明確に区別してやることが必要となる。すなわち、ある機̇能̇が社会にとって不可欠であるという場合は、「機能的要件」論として展開されることになる。他方、ある項̇目̇そのものが不可欠だという場合は理論的困難が生じる。というのも、ある項目が特定の社会的形態をとっていることが社会にとって不可欠だと主張されるならば、それは事実に反するからである。つまり、同一の機能が異なる項目によって果たされることは十分にありうるのである。であるならば、ある項目の不可欠性というよりも、むしろある機能を果たす諸項目の代替可能性が探索されねばならない。マートンは、こうした代替可能な諸項目を「機能的等価項目」とよぶ。

3-3-2. 顕在的機能／潜在的機能

人類学的機能主義の検討をする中で、「逆機能」や「機能的代替項目」とい

った概念が提起されたが、これらに加えてマートンは、「顕在的機能」と「潜在的機能」の区別を提唱した。顕在的機能とは、行為者によって意図された機能のことである。この場合、行為者は自分の行為がどのような結果をもたらすか知っており、行為の意図と結果は一致している。これに対して、潜在的機能とは、行為者によって意図されることなく果たされている機能である。その場合、行為者自身、自分の行為が結果的にどのような機能を果たしているかを知らず、行為の意図と結果は一致していない。つまり、行為者にとっては「意図せざる結果」が生じていることになる。たとえば、健康のために町内をジョギングし、結果的としても健康が維持できているなら、それがジョギングの顕在的機能である。しかし、町内を走るということが、健康のためという本人の意図とは関係なく、結果的に放火魔や空き巣の犯行を牽制し、町内の治安維持に役立っているとしたら、それはジョギングの潜在的機能である。

　このようにして顕在的機能と潜在的機能という区別は、分析者に、ものごとを見た目のままに理解することから距離をとらせる。つまり、分析者は〈社会には顕在的機能とは別に潜在的機能が存在する〉と想定することによって、ものごとを見た目のままに理解したり、拙速に道徳的判断を下したりすることをいったん留保し、そこに潜在的機能の存在を探索することになるのである。

　マートン自身があげた例をみておこう。その代表例は、未開社会でみられる雨乞いの儀式である。近代社会の住人の目から見れば、常識的に考えて雨乞いの儀式には効果がない。文明人にとって雨乞いは、科学的な考え方をしない未開人の、まったく非合理なふるまいでしかない。しかし、いったんその儀式の機能に目を向けてみるならば、そうした儀式は雨を降らせるという効果の有無とは別に、集団が定期的に共同活動を行うということそれ自体によって、集団の凝集性が強化されるという潜在的機能を有していることが明らかになるのである。

　さらにマートンは「政治的ボス組織」を例にあげている。政治的ボス組織は、通常はイリーガルでアウトローなものとして道徳的批判の対象となるものである。しかし、そうしたイメージをいったん留保して、機能という観点で見

るならば、政治的ボス組織は、公的な政治によっては満たされていないさまざまな社会的ニーズに応えていることがわかる。たとえば、公式の政治においては分割されている権力を非公式に組織化し、円滑に作用するようにしている。また、無統制な競争を回避しつつ政府による公的な統制をも避けたい大企業集団に対して、非公式に業界の統制を提供している。さらに、社会的成功や社会移動を求めながらもその手段をもたない下層階級の人びとに対して、機会を与えている。このようにして政治的ボス組織は、公的な社会構造の欠陥を補うものとして機能しているのである。こうした観点から見るならば、政治的ボス組織は、それと機能的に等価なものが準備されない限り、構造的に排除不可能なものであることがわかる。マートンによると、機能的見地はこうした見方を可能にさせるがゆえに、社会工学的にも大きな意味をもっているのである。

　顕在的／潜在的という区別は、このようにして分析者に、目に見えるものや常識的感覚に基づく価値判断から距離を取らせ、いまだ顕在化していない機能に目を向けさせる。そしてマートンによると、社会学の本領はそうした潜在的機能の探索にこそあるのである。

[引用・参考文献]

Merton, Robert K., 1957, *Social Theory and Social Structure*, Free Press.（＝1961, 森東吾・森好夫・金沢実・中島竜太郎訳『社会理論と社会構造』みすず書房.）

ブックガイド

Merton, Robert K., 1979, *The Sociology of Science: An Episodic Memoir*, Southern Illinois University Press.（＝1983, 成定薫訳『科学社会学の歩み——エピソードで綴る回想録』サイエンス社.）：マートンは「科学社会学」の創始者でもある。マートンの科学社会学の基本的な観点は、主著『社会理論と社会構造』の第4部「科学の社会学」においても論じられている。本書『科学社会学の歩み』では、マートンの科学社会学がどのような人物からどのような影響を受けながら形成されたものであるかが、当時のエピソードを交えながら紹介されている。その意味で本書は、「科学社会学の科学社会学」という性格をもっている。

4. 機能主義の転回：N.ルーマン

4-1. パーソンズ批判の諸相

　パーソンズとマートンによって展開された機能主義は、20世紀半ばをピークとして、社会学の一大勢力となった。しかし、はやくも1960年代には、機能主義（パーソンズ理論）は、むしろ激しく批判されることになる。学問に批判はつきものであるが、パーソンズ批判には、1960年代〜70年代の時代状況も影響している。それは、当時先進諸国を席巻していた反権威主義的な思潮である。この思潮は、資本主義体制が高度化したことによって、人間がますます既存の体制に組み込まれ、自由や主体性を奪われてしまっているとして、既存の体制を批判的にとらえながら変革していく必要性を説くものであった。このような思潮が席巻する時代状況の中、システムの均衡や社会的統合や社会化を重視するパーソンズ理論は、権威主義的で保守的な理論だと考えられたのである。そうしてパーソンズの批判者たちは、社会統合よりもコンフリクトの重要性を主張し、システムの均衡よりも個人の主体性の重要性を主張し、理論構築よりもフィールドワークの重要性を主張して、機能主義・システム理論ではない社会学理論を追求していったのである。

　そうした中で、はっきりと機能主義とシステム理論を標榜し、それを再び社会学の代表的な理論のひとつへと押しあげたのが、ニクラス・ルーマン（Niklas Luhmann 1927-1998）である。といっても、ルーマンはパーソンズ理論の単純な継承者・擁護者ではない。ルーマンの見るところ、〈構造として前提されるべきものをどのように限定するのか、その前提によって見えなくなるものがあるのではないか、さまざまな社会的現象を本質的に調和するものとみなしてよいのか〉といった、パーソンズの批判者たちが提起した問題は、もっともなものである。しかし、ルーマンがとった道は、統合よりもコンフリクトを重視するとか、システムの均衡よりも個人の主体性を重視するといった道ではなく、システム概念・機能概念という根本概念を刷新することによって、パーソンズ的な機能主義・システム理論を根本的に乗り越えるという道であった。

以下、ルーマンがシステム理論と機能主義をどのようなものに置き換えたか、概観していこう。

4-2. システム理論
4-2-1. システム／環境と複雑性

パーソンズ理論（構造−機能理論）は、あるシステム構造を想定したうえで、そのシステムを構成する諸部分が、上位のシステムに対してどのように機能しているかを分析するものであった。その場合、さまざまな機能の宛先はシステムであって、システムの外部にある何かではない。構造−機能理論は、あくまでシステムという枠組み（の内部）を対象とした理論であり、システム（の存続）を最大の「準拠問題」とする理論であった。

しかし、ルーマンは、このようにシステムを準拠問題とする理論構成には、次のような限界があるとした。すなわち、システム（構造）を準拠問題としている限り、そもそも何らかのシステムが構成されているということそれ自体がいったいどのようなことなのかを分析することができない。システム構造を分析の前提として据えて、システム構造をもっぱら機能の宛先として扱っている限り、システム構造そのものの機能を問うことができないのである（Luhmann, 1970 = 1983 : 129）。

ルーマンは、こうした構造−機能理論の限界を突破するためには、システム（の内部）に注目するのではなく、システムとその環境の差異そのもの（システムと環境の境界）に注目する必要があると考えた。つまり、システムは、それ自体でシステムとして存在しているわけではなく、あくまでもその環境との関係においてはじめてシステムなのだと考えるのである。このような見方からすれば、システムの構造の不変性や安定性といったものは、刻々と変化する環境と比べてシステムが相対的に安定性を保っているということを指しているにすぎないことになる（ibid. : 35-6）。

ところで、このようにシステムを環境との関連でとらえる観点（システム−環境理論）にとって、準拠問題は何になるのか。それは、システムとその環境を

共に包含するようなものでなければならない。ルーマンは、そうしたシステムも環境も含みこんだ準拠問題を「世界」とよんだ (ibid.: 130)。世界は、システムとして考えることはできない。なぜなら、もし世界がシステムだとすると、その外部に環境が存在することになってしまい、システムと環境を包括するものではなくなってしまうからである。したがって、世界には外部というものが存在しない（内部と外部の境界が存在しない）と考えられねばならない。世界の外部が存在しない以上、あらゆることは世界において生じるのである。

この、世界において起こりうる出来事や状態の総体を、ルーマンは「複雑性」とよぶ (ibid.: 131-2)。世界の複雑性は、人間の体験処理能力をはるかに超えたものであるため、人間は世界の複雑性そのものを把握したり経験したりすることはできない。それゆえ複雑性は、人間が処理したり体験したりできる程度にまで「縮減」されている必要がある。この複雑性の縮減という作用を担っているのがシステムに他ならない。しかし、このとき、システムと世界の複雑性の関係は、あらかじめ世界の複雑性という状態があって、世界の複雑性をシステムが適度に切り詰めている、というものではない。むしろ、システムが形成されることによって、はじめて世界の複雑性というものが問題としてあらわれてくる。複雑性とは世界の状態のことではなく、システムと世界の関係を指す概念なのである。

4-2-2. 社会システム

複雑性という点から、いま一度、システムと環境の差異をみるならば、システムと環境の差異は、複雑性の「落差」のことである。システムは、世界の過剰な複雑性の中にあって、複雑性のより少ない（＝複雑性が縮減された）「島」のようなものなのである。システムが形成されるということは、世界の複雑性の中から、ある特定の可能性だけが選択されるということであり、したがってシステム内部で生じうる出来事が一定の範囲に限定されることになる。そしてシステムは、そのような限定性によって、自らと環境との境界（システム境界）を自ら生み出しているのである。

社会システムをみてみよう。諸々の社会システムを形作っているのは、「予

期」(期待) である (ibid. : 42-3, 143-4)。何らかの予期が存在するということは、そこでは「何でもあり」なのではなく、妥当とみなされる (許容される) ふるまいが一定の範囲にしぼられているということを意味する。つまり、予期は複雑性の縮減である。たとえば、教室という場で予期されるのは、授業をまじめに聞くか、寝るか、ヒソヒソ話をするか、先生に反抗するか、内職するか、ぼうっとするか、といったものであろう。そのように複雑性が縮減されているがゆえに (可能性の範囲が限定されているがゆえに)、われわれは、時と場所と状況ごとに、自分のふるまいの可能性を具体的に考えることができるのである。

　さて、社会システムにおいて重要なのは、予期が一般化されているということ、つまり、一般的に人びとがどのような予期をもっているかということを予期できるということである。それによって、はじめて、われわれは相手の行為の意味を理解することができ、また相手の行為に対して自分がどのような行為を接続しうるかの選択肢も限定されることになる。たとえば、授業中に、学生が騒いでいる場合、教師はそれを注意するのが普通だと予期されているがゆえに、教師は騒いでいる学生に注意するし、注意された学生も何を注意されたのか理解できる。そのあと学生が静かになれば、教師は授業を続けるし、騒ぎの原因が鼻血だとわかれば医務室に行くように促す、といった具合にである。そのようにして、次々と行為に行為が有意味に接続されていく。ルーマンは、それを社会システムとよぶのである。

　もし、このような予期や社会システムが存在しないならば、われわれは、瞬間ごとにあらゆる可能性を検討せねばならない。社会システムによって、人間は大幅に「負担免除」されている。社会システムは、人間の体験処理能力 (それはごく限られている) と世界の複雑性 (それは人間にとって極端に過剰である) を仲介するという機能をもっている。世界の複雑性は、そのままの形では解決不可能な問題であるが、社会システムは、この解決不可能な世界の複雑性という問題を、人間にとって処理できる程度にまで複雑性を縮減しているのである。

　ところで、社会システム (と心的システム) は、「意味」によって複雑性を縮減している。予期も意識も、すべて意味なしには考えられない。「意味が無い」

という言葉もまた、「意味が無い」ということを意味している。それゆえルーマンは意味を、否定不可能な根本概念だとしている。しかし、ルーマンにとって意味概念が特別な重要性をもっているのは、意味が、否定不可能なものであるだけでなく、複雑性という概念と内的なつながりをもつものだからである。ルーマンにおいて意味は、さまざまな可能性から選択し、同時に選択されなかったものを指し示すものである（ibid.：132-3）。たとえば、「この花は青い」と言うとき、さまざまな色がある中で、青が選択されているが、その選択自体が、選択されなかった赤や緑といった他の色の存在を指し示している（そうでなければ、「青」は意味をもてない）。意味は、この作用によって複雑性を把握し、縮減している。意味によってのみ、世界は複雑性としてとらえられるのである。

4-3. 機能的方法

次にルーマンの機能主義をみておこう。ルーマンによると、パーソンズの機能主義には、次のような問題点がある（Luhmann 1970＝1983：14-7）。

第1の問題点は、理論（システム理論）と方法（機能主義）が、明確に区別されずに一体化してしまっていることである。一般に、理論と方法は別個のものとされるべきであって、それらが一体化している状態は、科学的に望ましい状態ではない。なぜならば、理論と方法が不可分に一体化していると、理論に破たんが生じた場合に、それがただちに方法の破たんにつながり、逆に方法に破たんが生じた場合に、ただちに理論の破たんにつながってしまうからである。こうした危険性をさけるために、理論と方法は、はっきりと分離し、独立していなければならない。また、理論と方法をあくまで別個のものにしておくことによって、ひとつの方法が複数の理論を（同時に）生産するという可能性も生まれてくるのである。もっとも、後述のように機能的方法はそれ単体で社会学として完結することはなく、システム理論と組みあわされる必要がある。しかし、それは両者がいったんは明確に分離されたうえでのことでなければならないのである。

パーソンズの機能主義の第2の問題点は、その科学的方法としての独自性がどこにあるのかが明確ではないということである。特に、〈特定の原因→特定の結果〉という観点で対象を分析する因果的方法との違いをどこに求めるかということが問題となる。以下、この第2の点からみておこう。

4-3-1. 因果的方法と機能的方法

　パーソンズを含めて従来の機能主義は、現にシステム（社会）が存続していくためには何が必要か、どのようにしてシステムの安定性が維持されているのか、といった問題に関心を寄せてきた。そこから、システムが存続するために解決すべき諸々の問題（たとえばシステム問題、緊張、均衡の撹乱など）が定式化され、それが解決される過程が機能という観点から分析されてきた。さまざまな社会的過程は、基本的に、システムの安定化や存続に向けて諸々の問題が解決される過程として分析されてきたわけである。ルーマンは、こうした従来の機能主義の基本的な観点が、システム問題や緊張などの問題を「原因」、システムの存続を「結果」とみる因果的な見方（因果的方法）に依拠した観点であると考え、結果的に機能主義は因果的方法のひとつのバリエーションになってしまっていると考えた。こうして、機能的方法に独自の観点とはいったい何なのか、また、そもそも因果的方法に依拠するだけでよいのか、といったことが問題となり、ルーマンは機能的方法の再定式化を試みるのである。

　機能的方法の再定式化に向けたルーマンの出発点は、社会現象のような複雑な現象にかんしては原因と結果を厳密に特定することは不可能だということ、つまり、ひとつの結果には必ず複数の原因があり、ひとつの原因は必ず複数の結果に関係している、ということである（Luhmann, 1970＝1984 : 12-3）。たとえば、交差点で自動車と自転車の接触事故があったとすると、その具体的な出来事は、ドライバーが助手席の赤ちゃんに気を取られていたこと、台風で視界が悪かったこと、自転車のブレーキが整備不良だったことなどなど、さまざまな原因が複合したものであることがわかる。しかも、それらの原因ひとつひとつについて、さらにその原因にさかのぼっていくこともできる。逆もまた同様であり、あるひとつの原因は、さまざまな結果（出来事）の原因となるのであっ

て、ひとつの原因がひとつの結果にしか関係しないということは、限界的な事例でしかないのである。

　ルーマンはこのような見方に基づいて、機能的方法の役割は、原因と結果の特定ではなく、ある結果を準拠点として、その結果を導きうる原因となりうる項目を探索し、それらを比較することにあるとした（ibid.：13-9）。たとえば、ストレスが解消されたという結果を準拠点とするならば、貧乏ゆすり、タバコ、酒、スポーツ、買い物、八つ当たりなどなど、ストレス解消という結果を同様に導く可能性のある複数の選択肢（機能的等価物）をあげることができよう。このようにして、ある結果を準拠点に設定したうえで、その機能的等価物を比較衡量する方法を、ルーマンは、「等価機能主義」とよぶ。

　等価機能主義は、最初に準拠点をあらかじめ定める（問題となる領域を特定する）ことから出発するが、重要なのは、むしろさまざまな可能な機能的等価物を比較する中で、問題となる領域がどのような広がりをもつものなのかが明らかになってくるということである。ルーマンによると、そのように問題となる領域の範囲を確定するということこそ、機能的方法（等価機能主義）の本領なのである。

4-3-2. 機能的方法とシステム理論

　さて、ルーマンによると、こうした等価機能主義に対しては、次のような批判がありうる。それは、〈準拠点のとり方（問題となる領域の定め方）が観察者にゆだねられているならば、選択肢の比較をしてもその妥当性は相対的となり、結局のところ相対主義の絶対化に行き着く〉とか〈選択肢を並べてみても、実際の出来事を説明も予測もできない〉というものである（Luhmann, 1970＝1983：28）。

　ルーマンによると、このような批判は等価機能主義という方法が協働すべき理論があることを無視している。方法がその実質的な分析対象を特定するために実質的な理論を必要とすることは、方法に欠陥があるからではない。方法と理論が別のものだからである。ルーマンにとって、機能的方法と協働すべき理論とは、システム－環境理論による社会システム理論である。確かに比較の準

拠点は、理屈の上では完全に観察者の任意に選ばれうる。しかし、特定のシステムを研究する際には、準拠点を完全に任意に選ぶことができるわけではない。特定のシステムは、特定の構造をもっているのであり、それゆえ問題となるべき事柄の幅は、はじめからある程度特定されているし、またそれゆえ「しかるべき解決」の現実的な選択肢も、自ずと限られてくる。このようにしてシステム理論が実質的な「問題配列」を与えるがゆえに、機能的方法は、単なる相対主義に陥るということにはならないわけである (ibid.: 28-33)。

4-4. 社会学的啓蒙

以上のように鋳直された機能的方法とシステム理論は、世界の複雑性の把握と縮減に役立つ。上述のように、人間の体験処理能力は世界の複雑性には追いつけない。しかし、システム−環境理論は、現にあるこの社会における出来事は、さまざまな可能性の中から選択されたものであるということを浮き彫りにすることによって、また同様に機能的方法も、機能的に等価な別様の何ものかが存在するということを浮き彫りにすることによって、世界の複雑性に対する人間の適応のポテンシャルを高めることに役に立つのである。社会システム理論としての社会学が遂行すべきこの働きを、ルーマンは「社会学的啓蒙」とよぶ (ibid.: 114)。

別の言い方をすれば、社会学的啓蒙とは、諸々の社会システムにおいて、何が顕在的なもので、何が潜在的なものとなっているかを観察することである。それによって潜在的なものを顕在化させることは、社会システムが世界の複雑性を把握し縮減する能力や適応力を拡張することにもつながる。ただし、それは、いずれすべての潜在的なものが顕在化されて潜在的なものが消滅する、ということを意味しない。また、社会学的啓蒙はそうしたことを目指しているわけでもない。なぜなら、ある潜在的なものが顕在化されたとき、まさにそのことが別の潜在性が生じる要因となるからである。社会学的啓蒙とは、システムの潜在性を一掃することではなく、あくまでシステムを顕在性／潜在性という観点で観察するということを指しているのである (luhmann 1984 = 1995 : 628-34)。

[引用・参考文献]

Luhmann, N., 1970, *Soziologische Aufklärung*, Westdeutscher Verlag.（＝1983／84, 土方昭監訳（抄訳）『法と社会システム』『社会システムのメタ理論』新泉社.）

―――, 1984, *Soziale Systeme: Grundriß einer allgemeinen Theorie*, Suhrkamp.（＝1993/95, 佐藤勉監訳『社会システム理論』上・下　恒星社厚生閣.）

ブックガイド

Luhmann, N., 1982, *Liebe als Passion : Zur Codierung von Intimität*, Suhrkamp. (＝2005, 佐藤勉・村中知子訳『情熱としての愛』木鐸社.)：ルーマン理論において意味は根本概念として位置づけられるが、意味は歴史の産物に他ならない。われわれの行為や体験のあり方は、歴史の産物としての「意味論（ゼマンティク）」に依存しているわけである。それゆえ、ルーマンは抽象的な理論だけでなく、『社会構造とゼマンティク』という一連の大部の歴史社会学的な著作をも残している。本書は、その一部分をなすものであり、愛というメディア（愛のコード）が歴史的にどのようにして立ち上がってきたのかが分析されている。

Chapter

Saussure　Lévi-Strauss　Bourdieu

5 社会を「関係」でとらえる
──構造主義が可能にする地平──

　「そんなの常識だ！」と他人を非難した経験は誰にでもあるだろう。自分の常識は自然なものに感じるので、それが通じないと「こんなあたりまえのことがわからないなんて」とつい思ってしまう。でも常識が通じる範囲は意外と狭い。家族内でしか通じない常識もあるかもしれない。働いているひとと学生とでは常識は違うだろうし、もちろん国によっても常識は異なる。

　国により常識に違いがあることはみんなわかっている。それでも、他国のひとのふるまいに対して、「おかしい」「変」と感じるものだ。それは同じ国の中でも同様だ。「ひとはみんな違う」と頭ではわかっていても、「常識がない」とついひとを責めてしまう。

　本章で紹介する「構造主義」は、常識やふるまいの違いの仕組みを理解する際の武器になる考え方だ。本章の狙いは構造主義について包括的に説明することではない。構造主義にはいろいろな見方があるのだが、ここでは「ものごとを関係性によって理解する」という考え方を伝えることを目的とする。

■キーワード：恣意性、シニフィアンとシニフィエ、インセスト・タブー、構造主義、文化資本、ハビトゥス■■

1. 関係性によって言語をとらえる：ソシュールの言語学

　構造主義は、1960年代以降に大きな影響力をもった現代思想の一潮流だ。構造主義にはいろいろな見方があるが、構造主義の特徴のひとつに「ものごとを関係性によって理解する」ことがあげられる。

　本章では構造主義の「ものごとを関係性によって理解する」という部分を中

心に、スイスの言語学者フェルディナン・ド・ソシュール、フランスの文化人類学者クロード・レヴィ＝ストロース、そしてフランスの社会学者ピエール・ブルデューに引き継がれた構造主義的な側面を紹介する。ソシュール、レヴィ＝ストロース、ブルデューは、それぞれ数冊の本で紹介するに値する研究者だ。そこで本章では、ブルデューの社会学にみられる関係論的な側面を理解するために必要な部分に注目することにした。

まず本節では、フェルディナン・ド・ソシュール（Ferdinand de Saussure 1857-1913）を取り上げる。彼はジュネーヴ（スイス）生まれの言語学者・言語哲学者で、言語学を記号学の1部門としてとらえた。この記号学の考え方が、のちに文化人類学者のレヴィ＝ストロースに引き継がれ、「構造主義」が誕生したのである。

ソシュールの著作としては『一般言語学講義』がよく知られているが、この書籍はソシュールが1907年から1910年にかけて3回にわたり行った講義を弟子たちがまとめたもので、彼自身が書いたものではない。ソシュールはこの講義の後、1913年に55歳で亡くなるのだが、名講義だったことから、受講生たちのノートを再構成して出版されたのである。

なお、ソシュールの有名な概念に「ラングとパロール」と「シニフィアンとシニフィエ」がある。どちらも構造主義を理解するうえでは重要な概念だが、本節ではこのうち「シニフィアンとシニフィエ」に焦点を絞り、関係性に注目してものごとをとらえることの意味を説明する。

1-1．シーニュ（記号）を支えるシニフィアンとシニフィエ

シニフィアン／シニフィエは、「意味するもの／意味されるもの」あるいは「能記／所記」と表される。そして、シニフィアンとシニフィエが合わさった存在が、シーニュ（記号）である。シーニュ（signe）というフランス語は、英語でいえばサイン（sign）に相当する言葉で、ここでは単語などのことを指している。

例として「犬」というシーニュを考えてみよう。この場合、シニフィアン

（意味するもの）は、犬という文字や、「イヌ」という音だ。それに対して、シニフィエ（意味されるもの）は犬という文字や音が指し示している犬という概念（イヌという音を聞いて思い浮かべる動物）、つまり指示対象にあたる。ソシュールは、シニフィアンとシニフィエが合わさった「二重の存在」がシーニュだという。犬というシーニュにおいては、イヌという音（シニフィアン）と、その音が指す動物の犬（シニフィエ）は表裏一体で、切り離すことはできない[1]。

切り離すことができない一方で、シニフィアンとシニフィエの結びつきは恣意的なものだともソシュールはいう。今度は「米」というシーニュで考えてみよう。このシーニュのシニフィアン（意味するもの）は、「米」という文字や、「コメ」という音だ。それに対して、シニフィエ（意味されるもの）は米という文字や音から思い浮かべられる指示対象だ。

もしシニフィアンとシニフィエの結びつきが「自然」なものならば、世界のどの言語でも、米を表すシニフィアンとして「コメ」が用いられるはずだ。しかし英語で米に相当する言葉はriceである。よって、シニフィアンとシニフィエの間の関係は、自然なものではなく文化的に作られた恣意的なもの、ということになる。恣意的だが、切り離せないのだ。

なお、この「恣意的」という言葉も、よく使われる言葉のひとつだ。恣意性とは第1に、あるものとあるものとの関係が（たとえ自然なつながりにみえたとしても）自然なつながりではなく、文化的に作られていることを指す（恣意性の第2の意味については後に説明する）。

たとえば、「女性」と「出産」との間のつながりは、女性しか子どもを産めないという意味で自然な、あるいは必然的なつながりである。しかし、伝統的な価値観にみられる「女性が育児をする」という場合の、「女性」と「育児」との間のつながりは文化的なものだ。だからこそ、最近は日本でも「イクメン」といった言葉が流行り男性が育児に積極的にかかわるなど、育児のあり方は時代や場所により変化が生じる。ただし、女性が育児をするのがあたりまえの社会では、それは自然なこととして映るのである。こういう意味での「恣意的」は、「歴史・社会的」「文化的」と同じ意味と考えてよい。ひとが作ったも

のである以上、作り替えることは可能だが、多くの人びとが「自然」に感じているつながりを別のものに変えるのは、なかなか大変だ。

　また、言語に限らず、何かを指し示す記号（つまりシニフィアンとシニフィエをもっているもの）はすべてシーニュであるが、シーニュの中でも、言語のシニフィアンとシニフィエはつながりの恣意性が高い。たとえば、男性と女性のシルエットが並んでいる「トイレマーク」や、ナイフとフォークが交差している「レストランマーク」などのピクトグラムもシーニュである。この場合、マーク（デザイン）がシニフィアンで、そのマークから思い浮かべられる概念（トイレやレストラン）がシニフィエだ。

　今日でも目にするこうしたピクトグラムのうちの多くは、1964年の東京オリンピックの際に「外国のひとにも通じるように」と作られたものだ。日本語がわからない外国のひとにも通じるということは、言語記号に比べると、ピクトグラムのシニフィアン／シニフィエの方が、つながりの恣意性が低いということである（「食堂」という言葉と、レストランマークとを比べたとき、レストランマークの方がより自然に伝わる）。

　さて、ここまでの説明を読んだ皆さんは、「なるほど海や川を泳いでいる魚は、英語ではfish、日本語では魚というように、あるシニフィエに結びついているシニフィアンは文化によって異なる、つまり恣意的なものなのだな」と思ったのではないだろうか。でも恣意性の意味はそれだけではない。

　英語を日本語に訳す際に難しいのが、英語と日本語の単語には、必ずしも1対1の対応関係がないことだ。もう一度、米とriceの例で考えてみよう。よく知られているように英語のriceは、日本語の「米」だけではなく、「ごはん」「稲」「もみ」も指し示す。この例だけでも、米＝riceという1対1の対応関係があるわけではないことがわかる。また「萌える」を英語に訳すことは困難だし、「アイデンティティ（identity）」を日本語に訳すことも難しい。

　また一見すると、対応関係がはっきりしているようにみえる場合も、言語が異なればその指し示す内容は微妙に異なる。たとえば、日本語の「趣味」を示す英単語にhobbyがあるが、英語のhobbyは、日本語の「趣味」に比べて、も

っと積極的にかかわる必要のある活動を指す。日本語では「趣味は読書です」といえるが、英語では読書は一般的にはhobbyではない。「昼寝がhobby」などもってのほかだ。こうした言葉がもつ微妙なニュアンスまで考えると、日本語と英語のシーニュには1対1の対応関係があるわけではないことがわかる。それぞれのシーニュは、同一の言語体系のシーニュ間の関係の中で意味をもつのだ。1-2ではこの点についてさらに説明する。

1-2. 言語は関係の編み目の中で意味をもつ

　同一の言語体系の中では、あるシーニュは他のシーニュとの関係の中で意味をもち、その関係性のあり方は言語によって異なる。これが恣意性の第2の側面だ。ソシュールも「同一言語の内部にあっては、隣接観念をあらわす語はすべて、たがいに制限しあう：こわがる、おびえる、恐れを抱くのような同義語は、それらの対立によってのみ固有の価値をえる；もしこわがるが存在しなかったとすれば、その内容はみな競争者たちのところへいってしまっただろう」(Saussure, 1949＝1972：162) と述べている。

　この考え方を敷衍して、ニートというシーニュを考えてみよう。2000年頃に登場したこのシーニュは、Not in Education, Employment or Trainingの頭文字をとったもので、教育や職業訓練を受けていない無職の若者を指す。もちろん、ニートという言葉が誕生する以前から、ニートに相当する若者は存在していたが、彼らはたとえば「仕事をしていない若者」といった形で認識されていた。それがニートというシーニュの誕生によって、はじめて「ニート」として理解されるようになったのだ。

　ニートというシーニュは、仕事をしていない若者集団の中で、「就学中で仕事をしていない若者」「職業訓練中で仕事をしていない若者」との関係性の中で成り立っている。あるシーニュが生まれるということは、ある集団や塊に分断線を入れることだ。ひとつの集団に分断線が入ることによって「ニート」と「その他の仕事をしていない若者」が分かれる。

　これは兄というシーニュが弟というシーニュとセットであるのと同じこと

だ。「男の兄弟」は、日本語では「兄」と「弟（兄ではない男の兄弟）」という言葉によって分けられている。3人兄弟の場合、一番下の弟にとって、兄は2人いることになるが、兄2人の性格や容姿が似ているかどうかなどとは無関係に、2人とも同じように「兄」とよばれる。

　こうした関係の同一性について、ソシュールは「午後8時45分発、ジュネーヴ発パリゆきの急行列車」という例で説明している。昨日の急行も、今日の急行も同じパリゆきの急行列車だが、その場合の同一性とは「行き先や途中で停車する駅」などの条件（つまり関係性）が同じということであり、「物理的に使われている車輌が同じ」ということではない（Saussure, 1949＝1972：152）。またチェスの駒も同様だ。チェスの駒のキングは、キングの形をしている必要はない。キングだということが、他の駒との関係でわかればよいのである。

　本節の最後にシニフィアンとシニフィエの変化の可能性についても触れておこう。一度、シニフィアンとシニフィエの関係性が築かれると、その関係性は再生され続ける傾向がある。私たちが、人間や犬を「人間」「犬」とよぶのは、前の世代でそのようによばれていたからだ。言語記号が世代から世代へと引き継がれるということは、この関係性もくり返し再生産される可能性が高いということだ。しかしその一方で、言語は変化するものでもある。つまり、世代を重ねる中で、記号は少しずつ変化する可能性をもっている。

　本節で紹介したようなソシュールの関係の体系としてものごとをとらえる見方は、レヴィ＝ストロースによって応用され、その後、構造主義としてさまざまな分野に影響を与えている。

　　［注］
1) ソシュールは、シニフィアン／シニフィエだけではなく、本章では取り上げていないラング／パロールや共時態／通時態についても、二重性を強調する。ソシュールがこうした二重性を論じるときは、一葉の紙片の表と裏ような相互依存的な結びつきがあることを意味している。

［引用・参考文献］
橋爪大三郎，1988，『はじめての構造主義』講談社．
丸山圭三郎，1981，『ソシュールの思想』岩波書店．
―――，1983，『ソシュールを読む』岩波書店．（同書は2012年に講談社から再刊行されています）
Saussure, Ferdinand de, 1949, *Cours de Linguistique Générale*, Paris: Payot.（＝1972，小林英夫訳『一般言語学講義』岩波書店．）
ソシュール，フェルディナン・ド，影浦峡・田中久美子訳，2007，『ソシュール一般言語学講義―コンスタンタンのノート』東京大学出版会．

ブックガイド

丸山圭三郎，2012，『ソシュールを読む』講談社．：「ソシュール：『一般言語学講義』を読む」というタイトルのセミナーを元にまとめられたもの。話し言葉で書かれている部分も多く、読みやすい作品（同書の原本は1983年に岩波書店より刊行されています）。

2．「構造主義」を生み出した文化人類学者：C.レヴィ＝ストロース

　クロード・レヴィ＝ストロース（Claude Lévi-Strauss 1908-2009）は、フランスの文化人類学者で、構造主義の祖として知られている。彼の名前は『悲しき熱帯』(1955)によって知られるようになったが、同書は彼がサンパウロ大学の教授としてブラジルにいた際の経験などをもとに書かれたものだ。彼は第２次世界大戦前に一度フランスに帰国したものの、ナチスの迫害を逃れるために今度はアメリカに亡命している。

　そのアメリカ亡命時に、レヴィ＝ストロースは言語学者のローマン・ヤーコブソンを通してソシュールの言語学に出会った。そして構造主義の考え方を編み出し、博士論文『親族の基本構造』(1949)をまとめたのだ[1]。本節では、『親族の基本構造』のインセスト・タブーの考え方を中心にレヴィ＝ストロースの構造主義を紹介する。

2-1. 文化により異なる「イトコとの結婚」の扱い

　ある範囲の親族との性的関係や結婚を禁ずる規則を「インセスト・タブー」という。禁止されている範囲に違いはあるものの、インセスト・タブーそのものは世界中にある。たとえば、日本の法律では、婚姻届が受理されない範囲は、直系血族、三親等内の傍系血族（兄と妹、姉と弟、おじと姪、おばと甥）、直系姻族などとなっている。つまり日本では法律上、イトコ同士の結婚は認められるが、他の文化はどうだろうか。

　文化人類学の研究によると、イトコとの結婚の中でも、「平行イトコ」との結婚を禁止する文化は多いが、「交叉イトコ」との結婚を認めている文化は多いという。まず平行イトコと交叉イトコがどう異なるのかを説明しておこう。

　図5-1を見ながら読むとわかりやすいと思うが、平行イトコとは、親と同性の兄弟／姉妹の子どもを指す。つまり「父の兄弟（オジ）の子どもたち」、あるいは「母の姉妹（オバ）の子どもたち」だ（イトコの性別は男性でも女性でもどちらでもよい）。そして父方の平行イトコを父方平行イトコ、母方の平行イトコを母方平行イトコとよぶ。

　それに対して、交叉イトコとは、親の異性の兄弟／姉妹の子どもを指す。つまり「父の姉妹（オバ）の子どもたち」、あるいは「母の兄弟（オジ）の子どもたち」のことで、父方の場合は父方交叉イトコ、母方の場合は母方交叉イトコだ。それでは確認問題だ。自分にとって母親の兄の娘は「何イトコ」に当たるだろうか？　また父親の弟の息子は「何イトコ」だろうか[2]？

　インセスト・タブーが存在する理由として、よく耳にするのは、「近親者同士で結婚をくり返すと、遺伝的な悪影響があるから」というものだ。でも、もしも遺伝的な問題だけがインセスト・タブーの理由ならば、文化によって禁忌の範囲が異なること、ましてや平行イトコと交叉イトコで扱いが異なる理由を説明

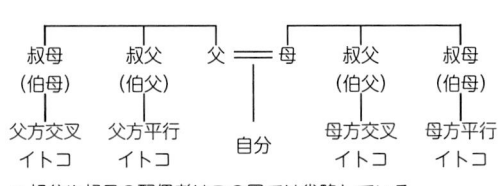

```
叔母      叔父    父 ══ 母    叔父      叔母
(伯母)   (伯父)               (伯父)    (伯母)
  │        │      │            │         │
父方交叉  父方平行  自分       母方交叉   母方平行
 イトコ    イトコ              イトコ     イトコ
```
＊叔父や叔母の配偶者はこの図では省略している

図5-1　イトコの種類

することはできない。なぜ同じイトコでも結婚できるイトコと、できないイトコがいるのだろうか。

2-2. 結婚できる女性と結婚できない女性

レヴィ＝ストロースは、インセスト・タブーによって、男性にとって女性は「結婚できない女性」と「結婚できる女性」とに分けられるのだと考えた。前節で紹介したソシュールの考え方を応用すると、インセスト・タブー（つまり結婚できない女性）という概念を作ることは、女性という集合体に「結婚できる相手／できない相手」という分断線を入れることなのだ。

なお、レヴィ＝ストロースは婚姻を「女性の交換」として説明する。彼によると婚姻は女性を他の集団に贈与することである。こうした表現は議論があるところだが、少なくとも意図を理解したうえで議論をするべきであろう。ひとつ補足しておくと、レヴィ＝ストロースは社会の基本を「交換のシステム」と考えていた。人間は言葉によってコミュニケーションをしているが、言葉のやり取りは一種の交換だ。同じように、贈与も、婚姻による女性の移動も、交換と考えることができる。

そして同じ親族集団に属する女性を「結婚できない相手」、異なる親族集団に属する女性を「結婚できる相手」とすると、異なる親族集団に属する人びとの間での交換が容易になる。交換は結びつきを生み出す。誕生日プレゼントの交換が、人びとのつながりを強めることは想像しやすいと思う。女性の他の親族集団への移動も、つながりを生み出すのだ。

『親族の基本構造』では、ある集団への女性の移動パターンとして、限定交換と一般（全面）交換が取り上げられている。限定交換とはふたつの親族集団の間で交換がくり返されるケースだ。図5-2はその最も単純な例を表したものだが、図の中の矢印は、A族とB族の間で女性の移動がくり返されていることを示している。つまり、A族がB族へと女性を嫁

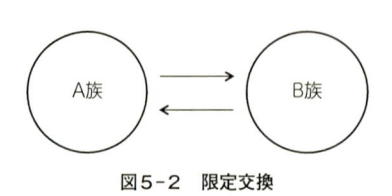

図5-2　限定交換

がせる一方で、B族はA族に女性を嫁がせるのである。

図5-3はその関係を家系図風に示したものだ。図5-3ではA族、B族、C族と3つの親族の間で婚姻が行われているが、基本的な仕組みは図5-2と同じだ。図の中のイコール（＝）で結ばれているのが夫婦で、その下に斜めに伸びた線の先に位置する男／女はその夫婦の子ども世代を示している。

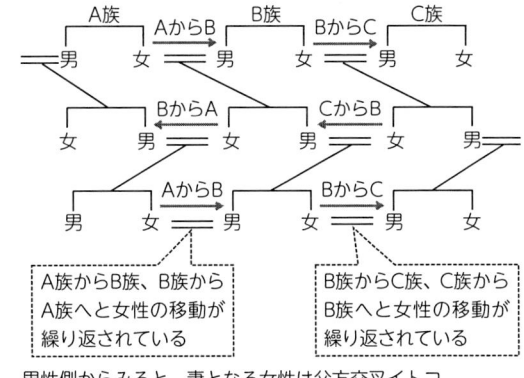

図5-3　限定交換での女性の交換

A族とB族の間の婚姻関係を見ると、第1世代で女性がA族からB族に移動している（B族の男性と結婚している）が、次の世代では女性はB族からA族へと移動している。そして第3世代ではA族からB族へとまた移動している。B族とC族の関係も同様だ。このように限定交換では、女性はふたつの氏族（親族）の間で移動が繰り返される。

それでは限定交換の場合、男性側から見て、妻となる女性は誰か。たとえば、図5-3の2段目と3段目の結婚している男性をみると、男性の妻は、父親の姉妹の娘、つまり父方交叉イトコにあたる。限定交換の社会では父方交叉イトコと結婚すると、移動がスムーズになるのだ。

これに対して、一般交換とは複数の親族集団の間を、女性がA族からB族、B族からC族、C族からD族、そしてD族からA族へと移動して一周するようなパターンの交換だ。図5-4はそれを表したものだが、四角で囲んだ女性の動きを追うと、第1世代では女性はA族からB族へ、次の世代（娘の世代）ではB族からC族へ、第3世代ではC族からD族へ、そして第4世代になるとD族からA族へと女性が移動していることがわかる。

2．「構造主義」を生み出した文化人類学者　177

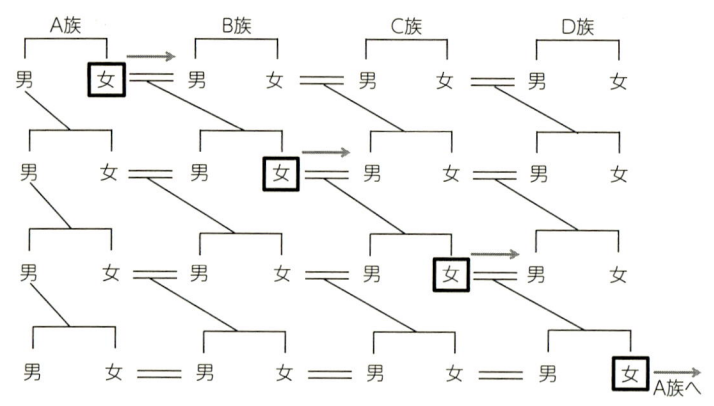

男性側からみると、妻となる女性は母方交叉イトコ（母親の兄弟の娘）
図5-4　一般交換での女性の交換

　図5-4をみると一般交換の場合、男性側からみたときの妻は、母方交叉イトコ、つまり母親の男兄弟の娘である。一般交換の場合は母方交叉イトコ婚が優先されることで、女性の移動がスムーズになるのだ。
　別の親族集団に属する男女が婚姻関係を結ぶことは、一族にとっては別の親族集団と社会的なつながりができることを意味する。そして、限定交換の場合は父方交叉イトコ婚、一般交換の場合は母方交叉イトコ婚が優先されることが、構造的に理にかなっているのである。だから前にも述べたように、交叉イトコ婚は、平行イトコ婚に比べてインセスト・タブーの対象になることが少ないのだ。
　それでは平行イトコ婚はどうだろうか。復習になるが、平行イトコとは親の同性の兄弟／姉妹の子どものことだ。限定交換の場合、図5-5の男性Aをみると、父方の兄弟の娘と母方の兄弟の娘（この図の場合同じ人物になる）は、男性Aと同じB族に属している。そのため、平行イトコと結婚しても、ひとの移動は生じない。図5-6も基本的に同じだ。父方の兄弟の娘と母方の兄弟の娘（この図の場合同じ人物）は、男性Aと同じB族に属しているため結婚することができない。

178　　第5章　社会を「関係」でとらえる

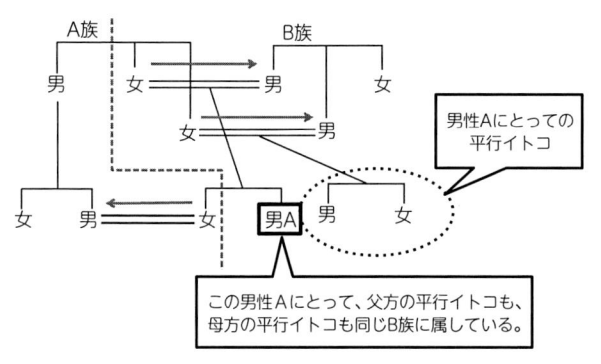

図5-5　限定交換での平行イトコの位置

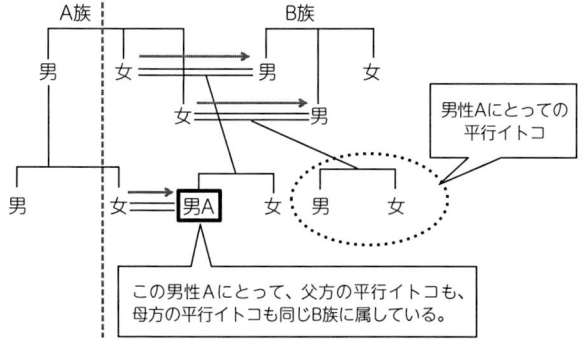

図5-6　一般交換での平行イトコの位置

　つまり限定交換でも一般交換でも、平行イトコ婚では、女性が別の集団に移動することができない。だからインセスト・タブーとして禁じられているのではないかと考えられるのだ。
　『親族の基本構造』では、ある民族の男たちに「姉妹と寝ることはあるのか」とマーガレット・ミード（文化人類学者）が尋ねた際の受け答えが紹介されている（Lévi-Strauss 1967＝2000：780）。男たちは、「自分の姉妹と結婚なぞしたら、一人の義理の兄弟もできないんだぞ。そうなったら、お前は誰と一緒に狩りに出かけるんだ。誰と一緒に畑仕事をやるんだ。誰のところを訪ねたらいいん

だ」と答えたという。この答えは本質をよくついている。

　その一方でレヴィ＝ストロースは、ミードの質問は人びとにとって「ありえない」内容であるため、その答えにはうさんくさいところがあるという。なぜなら一般のひとは、インセスト・タブーに対して上の回答のような形では考えていないからだ（たとえば、姉妹と結婚しようとは考えもしないだろう）。構造主義の魅力のひとつは、当事者の主観からはわからない社会の構造をみることができることにある。しかもこうした婚姻法則は、代数学によっても説明できるという。

　未開と考えられていた社会の婚姻規則が理にかなったものであることや、その規則が代数学で説明できることは、それまで支配的だった「欧米社会が進んでいて、未開の社会は遅れている」といった欧米中心の世界観、あるいは機能主義的な考えに対するものだった。なお、この後、レヴィ＝ストロースの構造主義研究は親族研究から神話研究へと進んでいくことになる。

[注]
1) なお、ソシュールのほかに、マルセル・モース（フランスの人類学者）もレヴィ＝ストロースの構造主義に影響を与えたことがよく知られている。
2) 答え：自分にとって母親の兄の娘は「母方交叉イトコ」、父親の弟の息子は「父方平行イトコ」

[引用・参考文献]
橋爪大三郎，1988，『はじめての構造主義』講談社．
Lévi-Strauss, Claude, 1967, *Les Structures Elementaires de La Parente*, Paris: Mouton.（＝2000，福井和美訳『親族の基本構造』青弓社．）

　　　ブックガイド

橋爪大三郎，1988，『はじめての構造主義』講談社．：構造主義をはじめて学ぶ人にお勧めの一冊。本章で紹介したソシュールとレヴィ＝ストロースの関係についても、さらに全般的に、かつわかりやすく紹介されている。

3．社会的な差異(distinction)と、自分と他者とを区分(distinction)する感覚
：P.ブルデューの社会学理論

　言語記号を関係性の体系としてとらえるソシュールの視点は、レヴィ＝ストロースによって社会を関係性で読み解く視点へと応用された。そしてブルデューはこの考え方を、人びとが社会で置かれている社会的位置という形で展開している。

　たとえば、ある2月の寒い朝、誰かが「暖かいですね」と言っていたら、あなたは「変なひと！」と思うだろう。でも、そのひとがもっと寒い地域に住んでいて、今朝この土地に着いたばかりだとわかれば、納得がいくだろう。このたとえ話では、地理の知識が、発言内容を理解する鍵となっている。自分が住んでいる地域の気候と、そのひとが住んでいる地域の気候を比べることによって、他者の発言が理解できたのだ。

　ブルデューの理論の魅力のひとつは、いわば「社会的な地図」を私たちに提供してくれることだ。本節ではブルデューが『ディスタンクシオン』で用いている考え方を、「自分とは異なる立場の人」の行為を理解する枠組みとして紹介する。

3-1．ピエール・ブルデュー

　ピエール・ブルデュー（Pierre Bourdieu 1930-2002）は1930年生まれのフランスの社会学者で、2002年に71歳で亡くなった。ブルデューが生まれたのはフランス南部のスペインとの国境に近い町だ。「パリ生まれ」でないことはブルデューの考え方に大きな影響を与えたと考えられる。彼の人生は、パリ生まれのエリート知識人が歩む道とは異なるものだったのだ。

　高等師範学校で哲学教授資格を取得した後、ブルデューはアルジェリア戦争に徴兵された。そしてその後も、アルジェリアや伝統社会についての研究をするために、アルジェ大学の助手としてアルジェリアにとどまり人類学研究を行った。『資本主義のハビトゥス――アルジェリアの矛盾』(1977) は、アルジェ

リア社会を題材とした作品だ。

1960年にフランスに帰国した後は、パリ大学助手などを経て、1964年に社会科学高等研究員の教授、1981年にはコレージュ・ド・フランスの社会学講座教授に就任している。

哲学教授資格の取得、アルジェリアでの人類学的研究、コレージュ・ド・フランスでの社会学講座と、ブルデューの研究領域は、哲学、人類学、社会学と多岐にわたっている。代表的な作品としては、『再生産』(1970)、『ディスタンクシオン——社会的判断力批判』(1979)、『実践感覚』(1980) などをあげることができる。その他にも、社会学の教科書として書かれ、認識論的な視点が強い『社会学者のメチエ』(1963)、一般の読者向けに書かれた『メディア批判』(1996) など、日本語に翻訳されているものだけでもかなりの数にのぼる。

本節で取り上げる『ディスタンクシオン——社会的判断力批判』は1979年の作品だ。フランス語のdistinctionは、英語のdistinctionとほぼ同じで、区別、差異、気品といった意味をもつ。タイトルの通り、『ディスタンクシオン』では、「あのひとは気品がある」、「あのひとは庶民的だ」、あるいは「ピアノを弾くのが趣味なんて、あのひとにぴったりだ」といった、私たちが日常的に行っている、ひととひとを区別する際の原理についての社会学的な理論が展開されている。

この研究を読む際に気をつける必要があるのは、これが1970年代にフランスで書かれた研究であることだ。この研究では、美術館、日曜大工、切手コレクション、ピアノなど、さまざまな人びとの趣味（好み）を、社会的な地図に位置づけながら論じている。あたりまえだが、現代の日本と1970年代のフランスでは「社会的な地図」の景色は異なる。よってたとえば、「ピアノを弾く」ことがもつ意味合いは、日本とフランスでは異なる可能性がある[1]。

ブルデューの研究を、関係論としてではなく、実体論として読んでしまうと、あたかも「ピアノを弾く」という行為のもつ意味が世界共通であるように考えてしまいがちだ。ブルデューの社会学を読む際には、ある行為を支える社会的関係に注目することがとても重要だ。

3-2. 人びとの趣味と職業の間にみられる関係

『ディスタンクシオン』で、ブルデューは、人びとの趣味は大きく分けて、正統的趣味、中間的趣味、大衆的趣味の3つに分類することができると指摘する（この三者も関係として考える必要がある）。

正統的趣味というのは、信頼性が高い審美家たちが正統なものとして認める作品を好む趣味で、音楽であれば「平均律クラヴィーア曲集」など、絵画であればブリューゲルやゴヤが当てはまる。正統的趣味をもつ人は、学歴水準が高くなるほど増え、また支配階級の中でも学歴資本が最も高い職種（高等教育教授・芸術制作者）で一番数が多くなる。図5-7をみると、「平均律クラヴィーア曲集」を好む人が中等教育教授、高等教育教授・芸術制作者で高いことがわかる。

次に中間的趣味には、「メジャーな芸術のマイナーな作品」と、「マイナーな芸術のメジャーな作品」の両方が入るという。音楽では「ラプソディー・イン・ブルー」が例としてあげられている。図5-8を見るとわかるように、こうした趣味をもつ人は、一般技術員のような中間階級でとても多い。

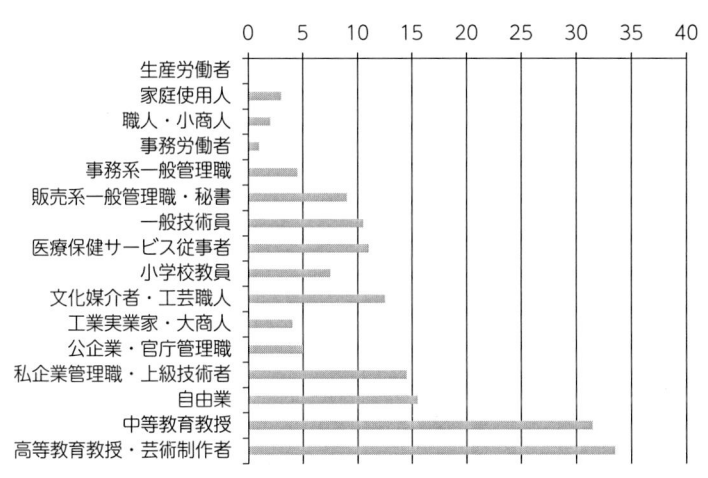

図5-7 平均律クラヴィーア曲集を好む比率（『ディスタンクシオン』をもとに作成）

3．社会的な差異（distinction）と、自分と他者とを区分（distinction）する感覚

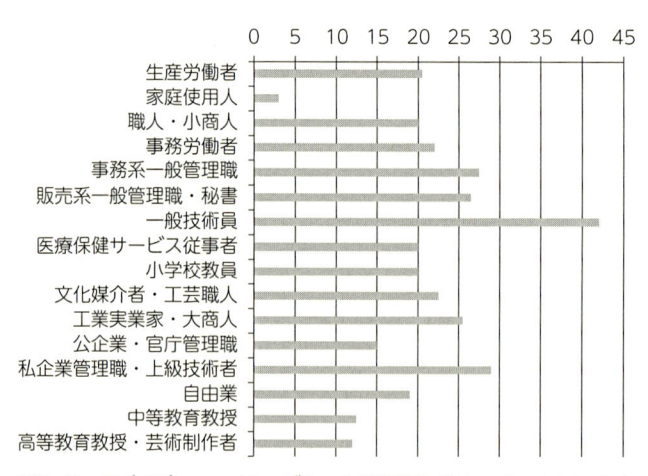

図5-8　ラプソディー・イン・ブルーを好む比率（『ディスタンクシオン』をもとに作成）

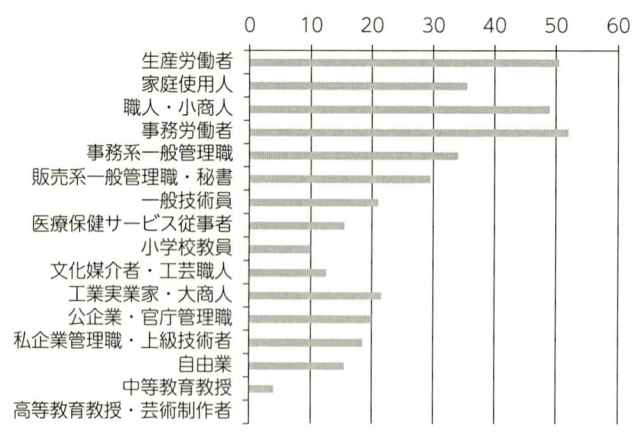

図5-9　美しく青きドナウを好む比率（『ディスタンクシオン』をもとに作成）

　大衆的趣味には、軽音楽や通俗化によって評価が落ちてしまった作品、芸術的な野心がない作品が当てはまる。音楽作品として例にあげられているのは、「美しく青きドナウ」だ。図5-9をみると、こうした作品は庶民階級に好まれる傾向があることがわかる。

ここまでを簡単にまとめると、人びとの職業と趣味との間には、相関関係があるということだ。この部分だけでも、興味深いし、研究として成り立つように感じる人も多いのではないだろうか。しかし、これだけでは3つの趣味が生じるメカニズムをとらえる試みとしては不十分だ。ブルデューは次のように述べている。

　　統計的関係というのは、真実を内に秘めた意味論的関係を表わすと同時に隠しもするものである。いわゆる独立変数といわゆる従属変数とのあいだに強い相関関係があることがわかったからといって、なにも説明したことにならないし、なにも理解したことにならない。個々のケースにおいて、つまり個々の関係において、その関係の両項（たとえば教育水準と、作曲家についての知識）がそれぞれなにを指し示しているのかを明確にしない限り、統計的関係はそれがどんな正確さで数量的に確定されたところで、所詮は意味のないただの資料にとどまってしまうのである（Bourdieu, 1979a = 1990：29）。

　このようにブルデューは統計的に相関関係を明らかにするところで研究を止めることを批判する。そして、相関関係に現れるような構造が生じる理由を、ひとが社会的におかれている立場と、文化伝達のパターン（3-3で説明）との関係に着目して説明している。

3-3. 家庭と学校における文化伝達

　ブルデューによると、正統的趣味は、「家庭で行われる文化伝達」と、「学校で行われる文化伝達」の両方のルートから子どもに伝えられる。

　学校で学ぶこと、学校で「正しい」とされることは、正統的趣味とほぼ重なる。国語の授業では純文学は学ぶが漫画は学ばない。また学校で教えられる言葉遣いや礼儀作法も正統性が高いものだ。

　今度は家庭を考えてみよう。図5-7でみたように正統的趣味をもつ家庭は上流家庭に多い。趣味も言葉遣いなどのマナーも、上流の家庭であるほど、正統的趣味に近いことは想像できるだろう。

　つまり上流階級の子どもの場合、後に学校で学ぶことになる正統的趣味に小

さい頃から家庭でふれているのである。こうした子どもたちにとっては、「学校で学ぶこと」と「家庭で学ぶこと」は似ている。だから、彼らの成績が良いのは不思議なことではない。上流階級出身者の成績が良いのは、「頭が良いから」ではなくて、「学校で学ぶことに子どもの頃から親しんでいるから」である可能性も十分あるのだ。

　私たちの多くは、「優等生は礼儀正しく成績も良い」、「ガキ大将は成績が悪くマナーも悪い」といったステレオタイプをもっている。ブルデューは、こうしたステレオタイプの裏にある仕組みや恣意性を明らかにし、「生まれつき頭が良い」といった思い込みにメスを入れる。「生まれつき」ではなく、「社会的な仕組みによるもの」ならば、それは恣意的なつながりということだ（1-1参照）。だったら簡単ではないが、その仕組みを変えられる可能性はある。

3-4. 人びとの社会的位置と趣味との関係の全体図

　このように、職業と趣味のあいだにみられる統計的関係には、さまざまな要素が関係している。ブルデューはこうした関係をひとつの図にまとめている。図５-10は『ディスタンクシオン』の図から必要な部分を抜粋したものだ。

　図５-10の全体的な見方だが、図の上にいくほど、資本（文化資本・経済資本）[2]を多く所有している職業、つまり芸術制作者、高等教育教授、工業実業家、大商人などが配置されている。そして左側には経済資本よりも文化資本が豊かな層（芸術制作者、小学校教員など）、右側には商人など文化資本よりも経済資本が豊かな層が配置されている。これは大商人と芸術制作者は、両者とも資本をたくさん所有しているが、大商人の場合は文化資本よりも経済資本に恵まれているのに対して、芸術制作者は経済資本よりも文化資本に恵まれているということだ。

　そして、図には趣味と職業も書き込まれている。たとえば表の中央あたりには「販売系一般管理職」が配置されていて、その上には「ラプソディー・イン・ブルー」の文字も見える。これは、販売系一般管理職には「ラプソディー・イン・ブルー」を好む人が多いという図５-7で示した関係を表している。つまりこの図は、さまざまな人びとの社会的空間の中での位置づけと食べ物や

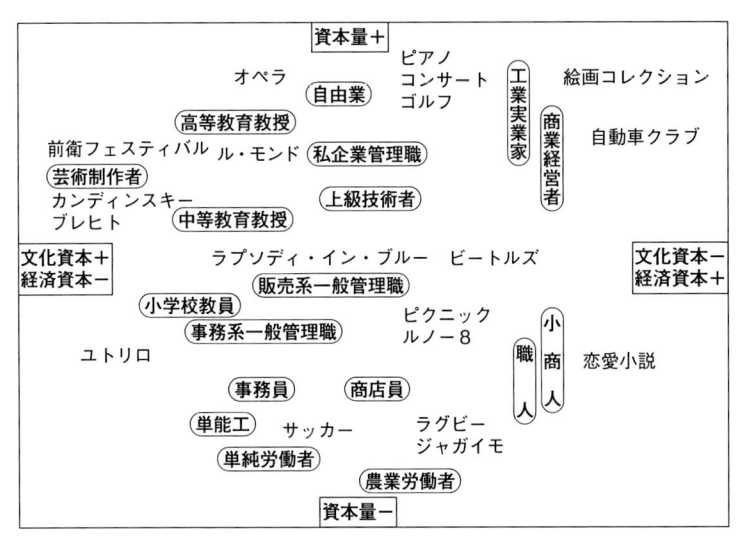

```
                    資本量＋
                      ピアノ
          オペラ       コンサート    工業    絵画コレクション
                 自由業 ゴルフ       実業家
         高等教育教授                      商業   自動車クラブ
  前衛フェスティバル  ル・モンド  私企業管理職       経営者
  芸術制作者
   カンディンスキー         上級技術者
文化資本＋ ブレヒト  中等教育教授                          文化資本－
経済資本－                                              経済資本＋
          ラプソディ・イン・ブルー   ビートルズ
              販売系一般管理職
         小学校教員                       小
              事務系一般管理職    ピクニック 商
    ユトリロ                     ルノ8    人   恋愛小説
                                       職
              事務員    商店員            人
              単能工    サッカー
                       単純労働者   ラグビー
                                 ジャガイモ
                       農業労働者
                    資本量－
```

図 5-10　社会的位置空間　生活様式空間 （『ディスタンクシオンⅡ』より抜粋して作成）

趣味などの生活様式空間を、同じ図の中にまとめたものである。

　もう少し細かく説明しよう。図の左上を見てほしい。芸術制作者や高等教育教授という文字がある。このふたつの職種を比べると、芸術制作者はより左に寄っており、高等教育教授は上方に寄っている。これは、芸術制作者が高等教育教授よりも相対的に多くの文化資本をもっていること、そして高等教育教授は全体の資本量が芸術制作者よりも多いことを意味している。

　今度は趣味を見てみよう。芸術制作者のすぐ下には、画家のカンディンスキーや、劇作家のブレヒトの名前がある。これはカンディンスキーやブレヒトが好きな人には芸術制作者が多いことを表している。もちろん芸術制作者全員がカンディンスキーを好きであるとか、それ以外の人びとはカンディンスキーが嫌い、ということではない。「社会的位置空間でこの場所に属している人は、こういう趣味の傾向がある」といったいわば相性を表しているのだ。

　趣味も職業も私たちは自分で選んでいるはずだ。それにもかかわらず、図5-10で見るような対応関係が生じることは不思議に感じられるかもしれない。

３．社会的な差異（distinction）と、自分と他者とを区分（distinction）する感覚　　187

その一方で、私たちは「〇〇は上品な趣味だ」、「△△が趣味なんて、意外だ」といった分類を日常的に行っている。ブルデューの社会学理論は、私たちが日常的に何気なく行っている分類作業の裏にある論理を社会構造という点から説明してくれる。ここまでの説明だけでも、私たちの趣味や嗜好と、文化伝達と社会構造との関係を理解できるだろう。この後は、さらに深く理解するため、文化資本とハビトゥスというブルデュー独特の概念について説明する。

3-5. 文化資本

ブルデューの研究では、経済資本、文化資本、社会関係資本など「資本」という言葉が頻繁に登場する。普通、資本は経済的なものを指す。ブルデューの資本概念は、「お金をたくさんもっていれば、社会の中でそれを有利に使うことができる」といった考え方を、経済以外の領域にも適用したものだ。たとえば高い学歴（学歴は文化資本の一要素だ）をもっていると、よい就職先が見つかりやすいなど、ひとは学歴を社会の中で有利に使うことができる。

ただし、ブルデューの資本概念には、「社会の中で有利に使える」以外の特徴もある。こうしたブルデューの資本概念を理解するために、ここでは「文化資本」を取り上げる。文化資本とは、経済資本に対する概念で、知識や学歴のように社会の中で有利に使える文化的なものの総称である。

彼は、文化資本には「身体化された様態」、「客体化された様態」、「制度化された様態」の3つの様態があるという (Bourdieu, 1979b)。

身体化された様態の文化資本とは、知識や、書籍を読む力、ニュースを理解する力のように時間をかけて個人の中に蓄積されるものだ。これは個人的なものであり、ブルデューの比喩を借りれば「日焼け」と同じで、誰か他人が代理で獲得できるものではない。獲得にも時間がかかり、また外からはわかりにくい。たとえばニュースをどの程度深く理解する能力があるかは、外からはみえにくいものだ。

ふたつ目の客体化された様態は、絵画や書物など、物の形になった文化資本を指す。これらは時間をかけなくても、親から子へと継承することが可能だ。

ただし、書物を読む力は身体化された様態の文化資本であるため、客体化された文化資本と身体化された文化資本はセットとして考える必要がある。

最後に制度化された様態だが、これは学歴や資格が当てはまる。学歴や資格はある行為者がもっている文化資本に制度的な承認（お墨付き）を与える役割を果たしている。

3-6. 行為を生み出す原理としてのハビトゥス

ハビトゥスはブルデューの用語の中で最も有名なものだ。ブルデューによる説明としては「持続性を持ち移調が可能な心的諸傾向のシステムであり、構造化する構造（structures structurantes）として、つまり実践と表象の産出・組織の原理として機能する素性をもった構造化された構造（structures structurées）である」（Bourdieu, 1980=1988：83）というものがよく知られている。

3-3では、私たちが家庭や学校での文化伝達の影響を大きく受けて、自分の趣味や好みを形成していくことを説明した。家庭や学校の影響を受けているということは、趣味とは、個人的なものである一方で、社会的な側面ももっているということである。そしてこの個人と社会をつなぐ原理が「ハビトゥス」なのだ。この概念は、構造主義では忘れられがちな行為者の理論を、構造の理論に統合する要である。

本節のはじめに用いた地理のたとえ話をまた使いたい。私たちには行きやすい場所と行きにくい場所がある。たとえば、地理的に遠い場所に行くのは大変だし、高い山に登るのも大変だ。

社会的にはどうだろうか。街でお昼ご飯を食べるとする。選択肢はたくさんある。おしゃれなレストラン、ファミリーレストラン、ファストフード店、お蕎麦屋さん、牛丼屋さん、ラーメン屋さん、定食屋さんなど。でも入りやすいお店と、入りにくいお店はないだろうか？　つまり社会的にも、私たちには行きやすい場所と行きにくい場所がある。またその行きやすい場所はひとによって異なる。おしゃれなレストランに入るのが苦手なひともいれば、牛丼屋さんに入るのが苦手なひともいるだろう。また、お店に入って中を見渡すと、女性

客ばかりのお店もあるし、逆に男性客ばかりのお店もある。

　その他の好みでも同じことがいえる。読みたい本、食べたい物、乗りたい車、趣味はひとによって異なり、それは図5-10のような社会的な地図に位置づけることができる。そして、単に地図上に位置づけられるというだけではなく、それは行為者自身にとっては「行きやすい場所」と「行きにくい場所」、あるいは、「好き」と「嫌い」といった差異（distinction）として自覚される。

　この場合のハビトゥスとは、私たちの心の中にある社会的な地図のことで、私たちが行動や判断をするさいに無意識的に従っているものと考えることができる。

　つまりハビトゥスとは、慣習行動（＝実践）を生み出す原理であると同時に、自分が行っている慣習行動や他人が行っている慣習行動を（好き／嫌い、格好よい／格好悪いなどに）分類するシステムでもあるのだ。

　この考え方に対しては「経済資本に恵まれているひとは、お金をもっているから外車を買うのではないか」という批判が考えられる。確かに、お金がなければ高級車を買うことはできない。

　これに対して、ブルデューは次のような例をあげている。経済的・社会的に恵まれていない人びとは、インゲン豆のような栄養があって安い食べ物を好む傾向があるが、それは単に「お金がない」からなのではなく、「インゲン豆が好きだから」なのだ。だから、たとえば職工長は事務員よりも高い給料をもらっているけれども、事務員に比べて「大衆的」な趣味をもち続けることがある（Bourdieu, 1979a＝1990(I)：271-273）。

　ただ安いからという理由でインゲン豆を食べているならば、「インゲン豆が好き」などとアンケートで答えないだろうし、収入が増えればインゲン豆を食べるのをやめるだろう。でもインゲン豆が好きならば、収入が増えてもその習慣を続けるだろう。このようにあるひとの趣味（好み）を現在の経済力だけで説明することはできない。好みには、そのひとが生まれたときから現時点に至るまで経験してきた社会的位置が影響するのだ。

　このように、私たちは経験してきた社会的位置関係をハビトゥスとして身に

つけている、と考えることができる。ハビトゥスによって、特定の趣味が生み出され、それはさらにハビトゥスを強める役割を果たす。

3-7. ハビトゥスが書き換えられる可能性

前項 (3-6) では、ハビトゥスが強められる側面について説明した。しかし、ハビトゥスは特定の傾向をもつ行為を生み出すだけではなく、書き換えられる可能性ももっている。シニフィアンとシニフィエの関係性が変化する可能性があったのと同じように、ハビトゥスも行為が行われる中で、変化する可能性がある。

たとえば、ある趣味を始めるか悩んでいるとする。その趣味を始めることはあなたにとっては冒険だ。これをハビトゥスの側からみると、選びにくい選択ということになる（図5-10では自分からは遠い位置にある趣味だ）。もしあなたがその趣味を思い切って始めたのであれば、あなたのハビトゥスにその選択が書きこまれ、そのハビトゥスはその後の行為に影響を与えることになる。このような場合は、ハビトゥスは書き換えられ、変化が生じるのである。

構造主義は「人間は、構造の操り人形ではない」、「構造の変化を説明できない」と批判されることがあるが、ブルデューの理論には、このように構造が書き換えられ変化が生じる動きまで含まれている。構造が再生産される（あるいは変化する）仕組みを人びとの行為に着目して説明していることは、ブルデューの社会学の特徴のひとつである[3]。しかし、本章で紹介したソシュールとレヴィ＝ストロースも、けっしてこの点を無視していたわけではない。たとえばソシュール研究で有名な丸山圭三郎は「ラングすなわち＜構成された構造＞と、パロール＜構成する構造＞の間の相互的動きであるという考えが示されている」（丸山, 1983：89）と、ソシュールの理論の中の構造を作り出す側面に着目している[4]。またレヴィ＝ストロースのブリコラージュという考え方も、構造が作り出される側面を描いている。

人は誰でも社会の影響を受けていると考えることは、社会学の基本的な考えだ。ブルデューの社会学の魅力は、その「社会」を関係性の網の目として理解

する視座を私たちにもたらしてくれることだ。そして私たちひとりひとりが、その社会的な地図の何処にいるかによって、「選択しやすいこと」が全く異なることを教えてくれる。このように関係論的に社会や他者を理解する枠組みには、ブルデューが構造主義から受けた影響を色濃く読み取ることができる。

[注]
1) たとえば『ディスタンクシオン』ではピアノという趣味は正統的趣味として位置づけられている。それでは現代の日本ではどうだろうか？ 高度経済成長期以降、ピアノは女の子の典型的な習い事だったことを考えると、中間的趣味に近いと推測することもできる。
2) 資本については3.5を参照のこと。
3) こうした側面は、『実践感覚』(1980)で特に詳しく描かれている。
4) 「ラングとパロール」は本章では扱うことができなかったが、「パロール」が人の発話行為や言葉を指すのに対して、「ラング」はそれを支える文法などの構造を指す。

[引用・参考文献]
Bourdieu, P., 1979a, *La Distinction: Critique sociale du jugement*, Paris: Minuit. (＝1990, 石井洋二郎訳『ディスタンクシオンⅠ・Ⅱ』藤原書店.)
―――, 1979b, "Les trois états du capital." *Actes de la recherche en sciences sociales*, No.30, novembre: 3-6. (＝1986, 福井憲彦訳「文化資本の三つの姿」『actes』日本エディタースクール出版部, No.1：18-28.)
―――, 1980, *Le Sens Pratique*, Paris: Minuit. (＝1988, 今村仁司・港道隆訳『実践感覚1』みすず書房・1990, 今村仁司他訳『実践感覚2』みすず書房.)
丸山圭三郎, 1983, 『ソシュールを読む』岩波書店. (同書は2012年に講談社から再刊行されています)

[ブックガイド]
ブルデュー, P 著, 加藤晴久 編, 1990. 『ピエール・ブルデュー――超領域の人間学』藤原書店.：ブルデュー自身による日本人のための入門書であり、読みやすさという点でも推薦したい一冊。本書を読むとブルデューの考え方の背景知識が理解できるので、『ディスタンクシオン』などを読んでいてわからない点があるときの参考にもなる（2015年5月現在、在庫切れ）。

【コラム9】消費・記号・個性

　奇妙に聞こえるかもしれないが、「消費」という用語をボードリヤールが用いる場合、モノの「使用価値」は問題ではない。「洗濯機は道具として用いられるとともに、幸福や威信等の要素としての役割を演じている。後者こそは消費の固有の領域である（Baudrillard, 1970＝1995：93）」と彼は述べる。『消費社会の神話と構造』が刊行されたのは1970年、この時期は世界中で耐久消費財（電化製品や車など）の消費が伸びていた時期だ。ボードリヤールがあげている事例も、耐久消費財やショーウインドウに並べられた豊富な商品が中心だ。

　現代社会であれば、パソコンや携帯電話の方がわかりやすいかもしれない。パソコンも携帯電話も道具として用いられる。でも、多くの人びとが最新のスマートフォンを手にするのは、それによって幸せや誇りを感じるからだろう。この幸福や威信の要素としての役割こそが、消費に固有の領域なのだ。

　さて、こうした「消費」においては、広告が大きな役割を果たしている。「76色697種類の内装から、あなたのベンツをお選びください」、あるいは「髪の色をほんの少しだけ明るくするだけで、ずっと私らしくなりました」といった広告（Baudrillard, 1970＝1995：110）は、消費によって個性が手に入るとよびかける。でも既製品を購入することは、すでにあるモノから選ぶことなのだ。広告には個性を表す小さな差異が溢れている。つまり、私たちの個性は記号化されているのである。

　こうして人びとは、自分にぴったりの「同じ洗濯機」を夢見る。このような消費の同質性は、他の集団との差異化によって生み出されるとボードリヤールはいう。たとえば、中間層は「見せびらかすために」消費する傾向があるのに対して、上流層は控えめな消費をする傾向がある。上流層が「控えめに」消費するのは、「自分たちは中間層とは違う」と差をつけるためだ。ボードリヤールは「人びとはけっしてモノ自体を（その使用価値において）消費することはない。──理想的な準拠としてとらえられた自己の集団への所属を示すために、あるいはより高い地位の集団をめざして自己の集団から抜け出すために、人びとは自分を他者と区別する記号として（最も広い意味での）モノを常に操作している」と述べている（Baudrillard, 1970＝1995：68）。

[参考文献]
Baudrillard, Jean, 1970, *La Société de Consommation: Ses Mythes, Ses Structures*, Paris: Éditions Denoël. (＝1995, 今村仁司・塚原史訳『消費社会の神話と構造』紀伊國屋書店.)
塚原史, 2005, 『ボードリヤールという生き方』NTT出版

【コラム10】構造化

　朝、母親が朝ごはんの準備をしている。父親は食卓に座り、新聞を読みながら母親の作る朝ごはんを待っている。そこに子どもがやってきて、食卓を家族で囲む。このシチュエーションは、家族構成が多様化した現在においても、似たような場面としてそれぞれの日常に存在する。このような日常が存在することは、そこに個人と個人との暗黙の了解が存在しているからである。われわれの日常とは、暗黙の了解に従い、適切な範囲での他者との相互作用のくり返しで支えられている。それは、われわれが「社会化」を通じて習得してきた、適切な行為、適切な言語、適切な発話などである。

　このような現象についてA.ギデンズ（Anthony Giddens 1938-　）は、「構造の二重性」などの概念から社会における「構造化」を明らかにした。ギデンズによると「構造の二重性」は、社会生活における本質的な再帰性を意味し、社会的実践の中で形成される。それは、構造が実践の再生産の媒体であると共に帰結でもある。すなわち行為や実践は構造によって可能になっており、構造は行為によって再生産される。彼が構造化の理論において最も重要とするところは、「社会的行為者のおのおのは本人がメンバーである社会の再生産の諸条件について十分な知識をもっている」（Giddens, 1979＝1989：5）ことである。「朝ごはん」の例でみると、「母親が朝ごはんを作る」という社会的行為、「父親が母親の朝ごはんを待つ」という社会的行為は、その社会における再生産する社会システムを各自が知識（母親とは家庭で家事労働を行う者であり、父親とは会社などで働き賃金を稼ぐ者であること）として有しているからである。

　このような「知識」についてギデンズは、行為者が有している「実践的意識」と「言説的意識」との違い、そして認識における「無意識」の源泉から考える。行為者が規則的な社会的実践として組織されることで、行為者間と集合体間に再生産された関係ができる。これがギデンズの考える「システム」であり、「構造」そのものではない。「構造」とは、「構造特性」としてのみ存在し、社会システムの特性として組織化される規則と資源からなる。

　ギデンズは、構造主義や機能主義の理論に「構造の二重性」の考えが欠落していることを指摘する。彼は、構造化の概念が意味するのは、「構造の二重性」とする。それはわれわれの「社会生活における再帰的性格に関係したものであり、構造と主体的行為との相互依存性」（Giddens, 1979＝1989：75）を示したものとされる。

［引用・参考文献］
Giddens, A., 1979, *Central Problems in Social Theory*, University of California Press（＝1989, 友枝敏雄・今田高俊・森重雄訳,『社会理論の最前線』ハーベスト社.）

おわりに

　本書のタイトルにある「社会がみえる」とは、どのような意味だろうか。また、「時代と共に生きる社会学理論」とは、どのような社会学理論をいうのだろうか。

　社会学は、比較的若い科学であると言われている。それは、市民や民衆が政治の表舞台に立ったときにはじめて生まれた科学だからである。もし、専制君主や限られた権力者が、その国や集合体のあるべき姿や内実のすべてを決めているならば、市民または民衆は、自分たち自身と自分たちが所属している社会との関係を問う必要はなかったのである。なぜなら、自分たちこそが「社会を作り上げている当事者である」などとは考えもしなかったのだから。

　19世紀末から20世紀初頭にかけて、フランスではデュルケムが、ドイツではマックス・ヴェーバーが「社会学会」の創設に寄与した。デュルケムは、自分たち個々人の意思を超えて自分たちのものの考え方や行為に影響を与える「集合体＝社会」というものに気づいた。自分で自由に考えたことであるはずなのに、実は、その「集合体＝社会」に「考えさせられていたのだ」と、人びとが気づくきっかけを与えたのだ。デュルケムは、人びとが素朴に自分の考えこそが社会の事実を把握していると思い込むことを阻止し、科学としての「社会学」の樹立にこだわった。

　マックス・ヴェーバーは、たとえ、人びとが社会によって考えさせられて行為をしているとしても、行為を行う単位は、やはり個々人なのだということに注目した。この社会を構成し、動かしているのは、意味をもった人びとの行為であると考えたのだ。だから、単なる思い込みであろうと、練りに練った計画であろうと、すべて社会学の研究対象になるのである。しかし、彼はその人びとの抱いた意味を、どのように把握できるかという方法を科学的に追求した。

　これらの考え方を含めて、多くの社会学者がさまざまな見解を展開した。ジンメルは、人びとの織りなす相互行為（相互作用）に注目した。ミードは、「自

我」という個人的なものと思われるもの——「私」という意識さえもが——社会的な相互行為の中で生まれるのだと説いた。エスノメソドロジストたちは、私たちがものごとを語り、コミュニケーションを成立させていることそれこそがこの社会が「存在しているあり方そのもの」だと考えた。

　社会学は、「再帰性」ということにも注目した。この社会から影響を受けてものごとを考え、感じながら行為をしている私たちが、その自分たちが生きている社会を改めて解釈し、働きかけて、次世代の社会づくりに参加しているのである。ギデンズは、多少、人間の主体性にこだわったが、ブルデューは、先の世代から引き継いだハビトゥスを身に付けつつ、その条件や制約の中を生きる人びとの実態に光を当てようとした。

　パーソンズもマートンもルーマンも、自分たちが生きているこの社会をその機能と構造という側面に注目しつつ、われわれを包み込み、ダイナミックで、その全貌が見えているようで見えていないこの社会と取り組もうとした。私たちの意識や行為そのものでもあり、その全貌はなかなか見えない不思議な生き物、それが「社会」なのである。社会を知ることは自分を知ることでもある。共に生きている人びと、父母や友人たちをより良く理解できるようになることでもある。なぜなら、今、私たちが生きているこの社会に溢れる「あたりまえ」が、なぜ「あたりまえ」と思われるのかを問う視点を与えてくれるからである。「社会がみえる」とは、実は、自分や自分たちを思い込みから解放し、自分たちの生きている時代を客観視できるようになって、柔軟な視点と判断力を得るという意味なのである。

　最後に、大変お世話になった北樹出版編集部の福田千晶様に心からお礼を申し上げたい。

　　　2015年6月19日

　　　　　　　　　　　　　　　　　　　　　　　　　　　宇都宮　京子

執筆者紹介

宇都宮　京子（うつのみや　きょうこ）（編者）

　所属：東洋大学社会学部　教授
　共編：宇都宮京子、小林純、中野敏男、水林彪編『マックス・ヴェーバー研究の現在―資本主義・民主主義・福祉国家の変容の中で』(2016年、創文社)、竹内郁郎、宇都宮京子編『呪術意識と現代社会―東京都二十三区民調査の社会学的分析』(2010年、青弓社)、西原和久、宇都宮京子編『クリティークとしての社会学―現代を批判的に見る眼』(2004年、東信堂)
　編著：宇都宮京子編『よくわかる社会学』(2006年、ミネルヴァ書房)
　共著：橋本努、矢野善郎編『日本マックス・ウェーバー論争』(2008年、ナカニシヤ書店)、P.ブルデュー社会学研究会『象徴的支配の社会学』　恒星社厚生閣　1999年
　論文：「『合理』のもつ可能性と限界」(2000年、『社会学評論』50 (4))、「マックス・ヴェーバーにおける『客観的可能性判断』をめぐる　諸考察」(2013年、東洋大学社会学部紀要50 (2)) など

小川　祐喜子（おがわ　ゆきこ）（編者、第2章、コラム2・3・8・10）

　所属：東洋大学／立正大学／成城大学／至誠館大学　非常勤講師、東洋大学人間科学総合研究所客員研究員
　共著：宇都宮京子編『よくわかる社会学』(2006年、ミネルヴァ書房)、船津衛編『感情社会学の展開』(2006年、北樹出版)、茨木正治、中島淳、圓岡偉男編『情報社会とコミュニケーション』(2010年、ミネルヴァ書房)
　論文：「『自己感情』と自己意識的『自己感情』」(2008年、『白山社会学研究』第15号)、「地域若者サポートステーションにおける若者就労支援の現状」(2011年、『白山社会学研究』第18号) など

田上　大輔（たがみ　だいすけ）（第1章1・2節、第3章1節、コラム5・7）

　所属：江戸川大学／獨協医科大学附属看護専門学校三郷校　非常勤講師、東洋大学人間科学総合研究所客員研究員
　論文：「M・ヴェーバーの西欧近代批判再考：機械的化石化と神々の闘争の対照性に着目して」(2013年、『年報社会学論集』第26号)
　論文（共著）：「〈秩序〉と〈規範〉をめぐる一考察：エスノメソドロジーとヴェーバー社会学の視点から」(2015年、『年報社会学論集』第28号) など
　翻訳（共訳）：ジョージ・E・マッカーシー著『古代ギリシアと社会学：マルクス・ヴェーバー・デュルケム』(2017年、尚学社)

佐々木　啓（ささき　ひろし）（第1章3節、第3章2・3節、コラム1・4）

　所属：東洋大学／明海大学／武蔵野大学／神奈川県立衛生看護専門学校　非常勤講師
　共著：宇都宮京子編『よくわかる社会学』(2006年、ミネルヴァ書房)
　論文（共著）：「規範理論と秩序問題」(2015年、『人間科学総合研究所紀要』第17号)
　論文（共著）：「〈秩序〉と〈規範〉をめぐる一考察」(2015年、『年報社会学論集』第28号) など

山本　祥弘（やまもと　よしひろ）（第4章）
　所属：聖学院大学　非常勤講師
　共著：現代位相研究所編『フシギなくらい見えてくる！本当にわかる社会学』（2010年、日本実業出版社）、現代位相研究所編『システムの社会理論　宮台真司初期思考集成』（2010年、勁草書房）
　論文：「パーソンズ医療社会学における『健康』――晩年における再規定とその背景要因――」（2016年、『社会学論考』（第37号）など

新津　尚子（にいつ　なおこ）（第5章、コラム6・9）
　所属：武蔵野大学　非常勤講師、幸せ経済社会研究所研究員
　共著：竹内郁郎・宇都宮京子編『呪術意識と現代社会：東京都二十三区民調査の社会学的分析』（2010年、青弓社）
　論文（共著）：「自治体の『幸せ指標』の現状と今後への期待」（2014年、『地域開発』vol. 599）など

事項索引

あ　行

アウトサイダー　87, 88
アカウンタブル　36, 37, 39
アノミー　131, 151, 152
アノミー的自殺　130
意識　23, 25
異常　136
逸脱　87, 88
逸脱行動　151, 152
逸脱者　87, 88
一般化された他者　64-66
『一般言語学講義』　169
一般交換　177, 179
イデオロギー　92, 93, 95, 98, 103-105, 107, 109
『イデオロギーとユートピア』　92, 102
イデオロギー論　92, 96
意図せざる結果　140
意味　22, 28, 63, 74, 76-79, 82, 111, 163
意味ある他者　116
『意味構成』　29
意味のあるシンボル　63, 66-69, 73
意味のある他者　59, 60
意味付与　24
インセスト・タブー　175, 178, 180
エスノメソドロジー（EM）　30-33, 35, 37, 39, 118
演技　84
演技的行為　41

か　行

外化　115, 116
階級　95
階級的利害　95
階級利害　96
下位システム　145, 149
解釈　73, 74, 77
「解釈」過程　81
解釈図式　24, 26
外的反応　68

概念分析　38, 39
会話分析　38, 39
鏡に映った自我　53, 54, 56, 58, 61
価値合理的行為　15-17
価値自由　102, 107
価値判断　102
下部構造　95-99
頑固な性質（obdurate character）　79
慣習行動　190
間主観的　21
感情管理　86
感情規則（feeling rules）　86
感情作業（深層演技）　86
感情性　141
感情中立性　141
感情的行為　15, 16
感情労働　86
環節的社会　128
機械的連帯　127-129
記号　26-28
機能　135
機能主義　135-137, 150, 163
機能的等価物　165
機能的方法　154
規範　32
規範的志向　139
規範的に規制される行為　41
客我（me）　69-72
逆機能的　155
客観化　115, 116
客観性　33
究極的価値　140
究極的目的　140
共感　56, 58
共感的イントロスペクション　56
共産主義社会　97
業績本位　142
虚偽意識　95
『経済学批判』　96, 97
経済資本　186, 188

199

形式　44
形式社会学　44, 45
「ゲーム」時期　64, 65
結合　46, 47, 51
顕在的機能　157
顕在的機能／潜在的機能　154
現実　112, 113, 115-117
『現実の社会的構成』　110, 118
現象学　22, 23
現象学的還元　22, 23
現象学的社会学　19, 22, 107, 110, 118
言説的意識　194
限定交換　176, 177, 179
限定性　142
行為（Handeln）　11, 12, 15, 23-25, 28
行為システム　139, 144, 145
交換　176
交叉イトコ　175
　――婚　178
後人　28
構成　112, 118, 119
構成現象学　25, 30
構造化された構造　189
構造化する構造　189
構造－機能主義　78
構造－機能分析　141
構造主義　169, 180
構造の二重性　194
公的意識　61
ここといま　113
個人的事実　134
ごっこ遊び　64, 65
『孤独な群衆』　121
個別主義　142
コミュニケーション的行為　41
コミュニケーション的合理性　41
婚姻法則　180

さ　行

再帰的　122
　――近代化　122
『再生産』　182
サイバネティクス　147

サイバネティクス的制御　145, 147
残余説　72
恣意性　170, 172
恣意的　186
シーニュ　169, 171, 172
自己意識　54, 61
自己意識的「自己感情」　57, 58, 60
自己感情　52, 53, 55-59
自己志向　142
自己所有化　56
自己との相互作用　59, 78
自己本位的自殺　130
『自殺論』　130, 133
システム　140, 141, 143, 160, 161, 190
　――境界　161
　――理論　137
「自然主義的」探究　80
自然的態度　23, 25, 26, 30, 33, 35, 36, 112, 115
「自然な」自己感情　60
実証主義　138
『実践感覚』　182
実践の意識　194
史的唯物論　95, 97
シニフィアン　169-171, 173
シニフィエ　169-171, 173
思念された意味　20, 21, 25, 26
思念した意味　28
資本　186, 188
資本主義社会　97
自明視　33, 35
社会意識　54, 61
社会学　14
社会学的啓蒙　166
『社会学の基礎概念』　14, 18, 21
『社会過程論』　61
社会関係資本　188
社会化　44, 116, 117
社会構築主義　118
社会システム　142, 144-146, 161, 163
『社会組織論』　61
社会的位置空間　187
『社会的行為の構造』　29, 138
社会的行為　11-16, 19, 70

社会的後代世界　26, 28
社会的自我　52-56, 60, 64
社会的自我・役割　63
社会的自殺率　130
社会的事実　133, 134
社会的世界　29
『社会的世界の意味構成』　21
社会的先代世界　26, 28
社会的相互作用　43, 74, 81
社会的直接世界　26-28
社会的同時世界　26-28
社会的に自由に浮動するインテリゲンチャ　105
社会の機能的統一の公準　154, 155
『社会分業論』　127
『社会理論と社会構造』　158
主意主義　139
主意主義的行為理論　140
『宗教生活の原初形態』　132
集合体志向　142
集団本位的自殺　130
主観的意味　11, 12, 22
主我（I）　69-72
縮減　161, 162
準拠集団　153
消費　193
『消費社会の神話と構造』　193
上部構造　95-99
上部構造－下部構造　98, 109
所属本位　142
『親族の基本構造』　176, 179
心的システム　163
心的相互作用　43, 51
相互作用　51
相互作用論　73-75, 77-79, 81, 82
シンボリック相互作用論　118
シンボリック・メディア　145, 146
シンボル　26-28, 81
親密性　60
成員カテゴリー化分析　38
生活世界　41
生産様式　96-99
精査　80
正常　136

聖／俗　132
正統的趣味　183, 185
制度化　117
世界　161
説明可能（アカウンタブル account-able）　36
潜在性（Latency）　143, 144
潜在的機能　157
先人　28
全体的イデオロギー　104, 105
戦略的行為　41
相互作用　42, 44, 59, 73, 77, 78, 117
相互反映性　37
想像　53-55, 58
創発的内省性説　72
ソリッド・モダニティ　125

　　　た　行

第一次集団　56, 61
第一次的社会化　116
対応理論（correspondence theory）　32-34
体験　23-25, 29
大衆的趣味　184
第二次的社会化　116
対面状況　114, 115
対面的相互行為　84
他者との相互作用　114
他人指向型　121
単位行為　139
探査　80
知識　90, 91, 98, 102-105, 107, 109-113, 115-117
――の存在拘束性　102, 105, 109
知識階級　109
知識社会学　89, 90, 92, 97-99, 102, 104, 105, 107-110, 112, 114, 117, 118
秩序　32, 35, 39, 140, 141
知のストック　26
中範囲の（諸）理論 theories of middle range　150, 151, 154
『ディスタンクシオン――社会的判断力批判』　181, 182, 186, 192
適応（Adaptation）　143, 144
適応的次元　143
伝統指向型　121

事項索引　201

伝統的行為　15, 16
『ドイツ・イデオロギー』　93-95
同一理論（congruence theory）　33, 34
等価機能主義　165
道具的次元　143
統合（Integration）　143, 144
統合的次元　143
闘争　47
道徳的権威　132, 134
トーテミズム　132
トーテム　132
特殊的イデオロギー　104
匿名化　27, 28
ドラマトゥルギー　84

　　　な　行

内在化　116
内省的自我　70, 71
内省的プロセス　59
内的時間意識　22
内的反応　68
内部指向型　121
日常生活世界　107
『人間性と社会秩序』　61
人称代名詞　58
認知枠組み　73

　　　は　行

配慮　49
パターン変数　141-144
ハビトゥス　189-191
万人の万人に対する闘争　138
非限定性　142
人びとの方法　32-35, 37
秘密　48-51
表出的次元　143
不可欠性の公準　154, 156
複雑性　161, 162
部分的イデオロギー　103
普遍主義　142
普遍的イデオロギー　104
普遍的機能主義の公準　154, 155
「プレイ」時期　64, 65

文化資本　186, 188
分業　127-129
分業化　129
分離　46, 47, 50, 51
平行イトコ　175
　──婚　178
『変革期における人間と社会（Mensch und Gesellschaft im Zeitaler des Umbaus）』　106
方法論的個人主義　15
本能・衝動説　72

　　　ま　行

マインド　53-55, 58
マクドナルド化　123
ムイシキ　9
目的合理的行為　15, 16
目的－手段図式　138, 139
目的動機　24, 25, 30
目的論的行為　41
目標達成（Goal attainment）　143, 144
モノ　193
ものごと　75

　　　や・ら・わ行

役割　64, 84
　──期待　65
　──距離　84
　──取得　63-66
唯物論　95
有機的連帯　127-129
予期　161
世論　61
ラベリング論　87
ラベル　87, 88
ラングとパロール　169, 191, 192
理解　13
理解社会学　13, 14, 20-22
　──のカテゴリー　18
リキッド・モダニティ　125
リスク　122
理念型　17, 26-28
理念主義　138
リフレクシヴィティ（reflexivity）　37

理由動機　24, 25, 30
了解（諒解）　41
類型化　27, 115
ルート・イメージ　74-78, 81
ルール（規則）　32
『ロッシャーとクニース』　30

論理文法分析　38, 39
「ワレ」意識　54, 58
「ワレワレ」意識　58
我々関係　27

AGIL図式　144, 145, 147, 148

人名索引

ヴェーバー, A.　101, 105, 107
ヴェーバー, M.　11, 21, 30, 101, 102, 107
ガーフィンケル, H.　31-33, 35-39
ギデンズ, A.　122, 194
クーリー, C. H.　52-55, 57, 59-61, 73, 83
クルター, J.　40
ゴフマン, E.　41, 84
シェーラー, M.　92, 98
シュッツ, A.　19, 21, 24-30, 32, 33, 107, 110, 118
ジンメル, G.　42, 43, 45, 46, 48, 49, 73
ソシュール, フェルディナン・ド　169, 170, 173, 176, 191
デュルケム, É.　127, 130-133, 135
バーガー, P. L.　107-110, 112-114, 117-119
パーソンズ, T.　29, 32, 33, 35, 118, 136-141, 143, 146, 148-150, 163
バウマン, Z.　125
ハバーマス, J.　41
フッサール, E.　21, 22, 107
ブルーマー, H. G.　73, 75, 76, 78-82
ブルデュー, P.　169, 181-183, 185, 186, 188, 190, 191

ベイルズ, R. F.　143
ベッカー, H. S.　87, 88
ベック, U.　122
ボードリヤール, J.　193
ホックシールド, A. R.　86
ホッブズ, T.　138
マートン, R. K.　136, 150-158
マリノフスキー, B. K.　136
マルクス, K.　90, 92, 93, 96-99, 104
マンハイム, K.　92, 99-109
ミード, G. H.　54, 55, 63, 68-71, 73, 83
ミード, M.　179, 180
ラドクリフ＝ブラウン, A.　136
リースマン, D.　121
リッツァ, G.　123
ルーマン, N.　159, 160, 162-166
ルカーチ, G.　100, 101
ルックマン, T.　107-110, 112-114, 117, 118
レヴィ＝ストロース, C.　169, 173, 174, 176, 180, 181, 191

社会がみえる社会学
——時代と共に生きる社会学理論

2015年10月5日　初版第1刷発行
2017年4月10日　初版第2刷発行

編著者　宇都宮　京子
　　　　小川　祐喜子
発行者　木村　哲也

定価はカバーに表示　　印刷　シナノ印刷／製本　川島製本

発行所　株式会社　北樹出版
〒153-0061　東京都目黒区中目黒1-2-6
URL : http://www.hokuju.jp
電話(03)3715-1525(代表)　FAX(03)5720-1488

© 2015, Printed in Japan　　ISBN 978-4-7793-0471-2
（落丁・乱丁の場合はお取り替えします）